Danke!

Guildo Horn
mit
Johannes Kram und Roland Schwinn

Danke!

Der Meister plaudert aus dem Nähkästchen

ECON Taschenbuch Verlag

Veröffentlicht im ECON Taschenbuch Verlag

Originalausgabe
3. Auflage 1998

Der ECON Taschenbuch Verlag ist ein Unternehmen
der ECON & List Verlagsgesellschaft

Umschlaggestaltung: Johann Zambryski
Titelabbildung: Steffen Jagenburg
Gesetzt aus der Baskerville
Satz & SW Lithografie: Heinrich Fanslau GmbH, Düsseldorf
Druck und Bindearbeiten: Ebner Ulm
Printed in Germany
ISBN 3-612-26421-4

Inhalt

Vorwort (von Michael Holm) 7

Prolog: Die Brücke ins nächste Jahrhundert 11

Meine Geburt 16

Mein Heimatdorf 20

Mutter und ich 25

Vom Polizeibrei im Schlager 33

Der Geknatschten 36

Früh übt sich 40

Ein Horn zieht hinaus in die Welt 45

Der Meistermacher 53

Der Kreuzzug der Zärtlichkeit beginnt 56

Ich mag Steffi Graf 69

Der Diether 79

Schön ist es, auf der Welt zu sein 84

Rückkehr nach Mendocino 99

Wenn einer eine Reise tut 110

Meine Groupies 120

Domian und Roy 125

Guildo für Millionen 132

Der Chef, seine Frau und ihr Liebhaber 146

Der Kreuzzug der Zärtlichkeiten im Alltag
Bürger fragen, Herr Horn antwortet 153
Familie der F-Wörter 159
Gedanken und Fragen zur Weihnachtszeit 163

Meine Gefährten, die Orthopädischen Strümpfe . . 165
Pierre Kertzman 166
Mihaly Szabo 168
El Ute 170
Hoppla B. Benito 172
Roland GaRoss 174

Danke auch 177

Diskographie 180

Vorwort

Unruhe kommt auf im vollgepackten Saal. Die Menge – mehrheitlich zwischen 17 und 30 Jahre alt – drängt zur Bühne. Einer, zwei fangen an, die anderen nehmen es auf: »Meister! Meister!«

Der ganze Saal dröhnt.

»Meister! Meister!«

Junge Männer, mit Perücken und in schreiend bunten, herrlich kitschigen Hosen und Jacken der Siebziger gekleidet, nehmen ihre Position auf der Bühne ein, hinter Mikrophonen, Schlagzeug, Orgel, fiependen und jaulenden Baß- und Gitarrenverstärkern.

»Meister! Meister!« Die Rufe werden immer lauter. Nervöse Erregung schwingt durch den Saal wie eine Hitzewelle.

»Na, das wird was geben«, grummelt skeptisch ein Altrocker neben mir, die Arme verschränkt.

Vor zwei Jahren haben wir uns kennengelernt. Wir waren die Prominenten in einer dieser TV-Spielschauen. Unsere Garderoben lagen nebeneinander, so blieb es nicht aus, daß wir ins Gespräch kamen. Seine Fragen nach den Siebzigern, dem Schlager, vergessenen oder

noch bekannten Sängern jener Zeit, gingen in immer mehr Einzelheiten und Details. Ich antwortete bereitwillig.
Auch Unwichtiges schien ihn zu faszinieren. Er hörte nicht zu, er saugte mir die Worte von den Lippen. Irgendwie war es ganz selbstverständlich, daß wir spät abends, als das TV-Studio uns entließ, noch einen Abstecher ins nahegelegene Wirtshaus machten und daß es sehr, sehr spät wurde. Mein Gegenüber mit den langen Zottelhaaren und den warmen, klugen und sensiblen Augen, dem wachen, verspielten Intellekt, hatte auch mich mit seinem Enthusiasmus in seinen Bann gezogen. Ein Kommunikationsgenie? Ein Menschenfischer?

Der Saal dröhnt. Arme werden in die Luft gerissen. Beifallsstürme, strahlende Augen, lachende Gesichter. Freude!
Der Altrocker neben mir stöhnt, stampft, schwitzt, lacht, singt: »... mit Marie und Liane. Aber bitte mit Sahne.« Ein Leuchten strahlt über sein Gesicht, fast so etwas wie gelassene Heiterkeit.
Ein Kommunikationsgenie? Ein Menschenfischer? Die Befreiung von der Vernunft? Katharsis?
Ein Guildo-Horn-Konzert!

Danke!

Michael Holm

Foto: Steffen Jagenburg

Foto: Steffen Jagenburg

Prolog: Die Brücke ins nächste Jahrtausend

Seit einigen Jahren treibt eine tiefe Sorge mich um. Es ist die Erkenntnis einer Wahrheit, die ich auch euch nicht ersparen kann. Denn ohne diese Wahrheit ist alles nichts oder nichts alles oder umgekehrt oder zumindest so ähnlich. Ihr werdet ein Teil der Wahrheit, indem ihr mir folgt, falls ihr mir noch folgen könnt.

Die Wahrheit habe ich durch eine alte Dame erfahren, deren Namen ich nicht einmal kenne. Ich traf sie in einem sogenannten Schnellrestaurant. Diese Spielart der Gastronomie zeichnet sich dadurch aus, daß man seine Mahlzeit in stehender Körperhaltung einnimmt. Der tiefere Sinn dieser Sitte ist mir noch nicht ganz klar geworden, es hat wahrscheinlich etwas damit zu tun, daß sich das Essen im gestreckten Körper besser verteilt und somit nicht gleich ansetzt.

Die ältere Dame hatte sich zu mir gesellt, um an meinem erhöhten Tisch ihr Mittagsmahl zu verzehren. So standen wir uns nun also gegenüber, ohne allerdings miteinander zu reden. Da es sich nicht schickt, ältere Damen einfach so anzusprechen, beschränkte ich mich darauf, sie beim Essen zu beobachten und ihr nett ins Gesicht zu lächeln. Die Dame reagierte nicht. Schließlich wischte sie

sich den Mund mit der vom Gasthaus spendierten Papierserviette ab, faltete diese dann nonchalant auseinander und bedeckte damit ihre Speisereste auf ihrem (Plastik-!)Teller. (Wahrscheinlich ein Trick älterer Damen, bei Petrus Schönwetter zu machen, ohne in Wahrheit alles zu verputzen). Sodann wandte die Dame sich eilends dem Ausgang zu, drehte sich an der Tür noch einmal zu mir um und sprach jene Worte zu mir, die mir seitdem mein sonniges Gemüt verdunkeln: WIR LEBEN IN EINER SCHNELLEBIGEN ZEIT!
Ich habe die Dame nie mehr wiedergesehen. Vielleicht war sie aus einer anderen Stadt. Vielleicht ist sie auch kurz danach verstorben und wollte mir ihr Vermächtnis mit auf den Weg geben. Ihre Rede indessen sollte mich nicht mehr loslassen, ich begriff, daß dies große Worte waren, daß es sich dabei um die Wahrheit schlechthin handelte, die nackte Wahrheit.
Seit jener schicksalhaften Begegnung im Schnellrestaurant bin ich nun also der Träger der Wahrheit. Und ich habe schwer daran zu tragen. Doch jetzt ist es heraus. Ich habe euch mit den Untiefen meiner Seele vertraut gemacht. Jetzt geht es mir schon besser. Ich konnte es euch nicht ersparen, an der Wahrheit führt kein Weg vorbei. Aber verzaget nicht, denn ich bin bei euch! Ich lasse euch nicht allein in den finsteren Tälern dieser Welt.
»Und jetzt?«
Ich sehe eure fragenden Blicke auf mich gerichtet: »Wie sollen wir jetzt weiterleben, Meister, was sollen wir tun?«
Ja, wir können etwas tun. Aber vorher müssen wir uns vergewissern, ob wir auch wirklich bereit sind, der Wahrheit ins Auge zu sehen. Deswegen, liebe normale Menschen,

sagt es laut, ruft es den Bergen und den Seen zu. Sagt laut und vernehmlich: »Wir leben in einer schnellebigen Zeit.« Sagt es immer wieder. Ja, ich verkünde euch, die Berge und Seen werden euch zuhören, eure Worte werden ein Teil des Windes werden.
»Aber dann?« werdet ihr fragen, und jetzt kommt der Teil, der euch auf eine harte Probe stellen wird. Eine Probe, die euch zeigt, daß der Pfad der Wahrheit ein steiniger ist. Aber ihr seid es, die diesen Weg gehen dürft. Dieser Weg ist die Wahrheit; und am Ende des Weges, da stehe ich. Ich bin euer Leuchtturm in dunkler, stürmischer See, die Laterne in der Nacht, das Kap Hoorn der guten Hoffnung.
Die Probe, von der ich sprach, besteht darin, daß ihr die Wahrheit euren Mitmenschen kundtut.
Gehet also hinaus in die Welt zu den Menschen dieser Zeit und sagt es ihnen. Sagt ihnen: »Wir leben in einer schnellebigen Zeit.« Sagt es dem Postboten. Sagt es dem Kaufmann um die Ecke und der Blumenfrau auf dem Markt. Sagt es ihnen, den Unwissenden, denn sie wissen nicht, was sie tun. Sagt es euren Kindern, eurem Gemahl und eurer Gemahlin. Sagt es ihnen immer wieder. Ja, ihr werdet sehen, daß sie unwissend sind. Sie werden euch mit Unverständnis begegnen. Euch fragend angucken. Und ich sage euch: Das ist der Beweis dafür, daß es sich um die Wahrheit handelt!
Jetzt, wo ihr euch der Wahrheit gestellt habt, jetzt will ich euch die Rettung verkünden. Es gibt ihn, den Ausweg aus dieser beängstigenden Entwicklung. Es gibt eine Kraft, die sich dieser schnellebigen Zeit widersetzen kann, wenn wir es nur wollen. Eine Kraft mitten unter uns, ja,

eine Kraft sogar aus Fleisch und Blut. Ich verkünde euch, wer diese Kraft ist. Ich sage nur ein Wort: MUTTER.
Ist es euch gerade wie Schuppen von den Augen gefallen? Hand aufs Herz: Ehren wir unsere Mütter, wie es ihnen gebührt? Ja, liebe Freunde, dies ist die Frage aller Fragen. Laßt uns wieder einen Bund schließen mit dem, was wirklich wichtig ist, uns erlöst und Zukunft stiftet. Eine Brücke ins 21. Jahrhundert und vielleicht sogar ins nächste Jahrtausend.
Der ehrwürdige Camillo Felgen hatte schon früh die Zeichen der Zeit erkannt. Wie ein Prophet stellte Don Camillo den wirren Forderungen der wilden Sechziger eine Maxime entgegen, eine Forderung, heute so wertvoll wie damals: »Ehrfurcht vor schneeweißen Haaren!«
Ich fühle mich auserkoren, diesen Worten Taten folgen zu lassen. Lasset uns die Mutter ehren! Aber viele von euch haben den Kontakt zu ihr verloren oder sogar ihre Telefonnummer. Habt Mut! Jeden Morgen beginnt ein neuer Tag. Und wenn es euch schwerfällt, könnt ihr aufschauen zu meiner Mutter, der Mutter aller Mütter. Ihr Herz ist rein, und ihre Brust trägt schwer. Sie hat mich geboren, und sie tat dadurch ihren Dienst im Kreuzzug der Zärtlichkeit, sie, die Mutter der Kompanie der Liebe. Sie erkannte als erste, daß ich zu Höherem geboren war. Sie hat gedient und geliebt und ist somit selbst zu einer Ikone im Dienst des deutschen Schlagers geworden.
Viele von euch verehren deshalb meine Mutter wie mich selbst. Das ist gut, doch muß ich an dieser Stelle auch um Mäßigung bitten. Viele Menschen berichten mir, daß ihnen meine Mutter oft im Traum erscheint. Andere sehen sie an immer gleichen Stellen als Lichtgestalt auf-

tauchen. An manchen Tagen wird meine Mutter zur selben Zeit an verschiedenen Stellen gesichtet. Manche Menschen halten sich sogar für Medien, mit deren Hilfe ein direkter Kontakt zu ihr möglich sei. Mittelmäßige Künstler malen Bilder von ihr und scheitern schon an der Darstellung ihrer Dauerwelle. Auf dem Schwarzmarkt werden Naschwerk-Rezepte gehandelt, andere geben an, diese auswendig zu kennen, und tragen sie in konspirativen Zirkeln vor. Und meine Mutter hat all das verdient, diesen Ruhm und diese Liebe. Aber lasset euch gesagt auch sein, daß meine Mutter meist da zu finden ist, wo ihre Bestimmung liegt: nicht in dunklen Grotten oder lichten Hainen, nicht auf moosbewachsenen Hügeln oder einsamen Dämmen! Meine Mutter ist da, wo sie für alle von euch am meisten bewirken kann: in ihrer Küche. **Danke,** Mutti!

Meine Mutti

Meine Geburt

Ich lege großen Wert darauf, daß ich geboren worden bin, ohne daß meine Mutter je etwas mit irgendwelchem Schweinkram zu tun gehabt hätte. Mein Vater Abraham (bei uns im Dorf nur Vada genannt) und meine Mutter hatten sich in einer denkwürdigen Nacht, als es darum ging, den neuen Wein unseres Berges zu testen, dieser Aufgabe so hingebungsvoll gewidmet, daß sie im nachhinein nicht mehr über die Einzelheiten der Geschehnisse zu berichten wußten. In jener Nacht also hat meine Mutter den Geist des Weines empfangen, also den Geist der Wahrheit, also mich.

Das heißt nicht, daß ich keinen leibhaftigen Vater gehabt hätte – ihm war sogar ein stattlicher Leib eigen. Aber mein eigentlicher, innerer Vater war nicht von dieser Welt. Ein geistiges Wesen also, das meine Mutter auserkoren hatte, mich auszuerkiesen. **Danke!**

Als ich neun Monate nach diesem weingeistreichen, aber unbefleckten Abend das Licht der Welt erblickte, war meine Mutter auch dabei. Vielleicht kommt daher die innere Verbundenheit zu ihr, die bis heute mein Leben bestimmt.

Vater und Mutter waren einfache Leute, und so wurde

ich im Partykeller unserer bescheidenen Behausung geboren. Obwohl meine Eltern nicht sehr wohlhabend waren, hatten sie diesen Partykeller schön mit Silberpapier und bunt angemalten leeren Eierkartons ausgeschmückt. Wie ich erst später erfahren sollte, war diese Dekoration nicht eigens zu meiner Geburt angebracht worden, sondern bildete den Rahmen für viele Feiern in dieser Zeit. An den Wänden hingen wunderschöne Landschaftsansichten, die meine Mutter eigenhändig nach der Malen-nach-Zahlen-Technik gefertigt hatte.

Obwohl ich bei meiner Geburt noch sehr jung war, kann ich mich doch daran erinnern, daß an diesem meinem Geburtstage in der Television drei weise Männer auftraten, die sich das *Medium*-Terzett nannten. Diese drei Männer stammten wohl aus einem fernen Lande, was ich an ihren fremd anmutenden Gewändern sehen konnte. Einer fiel mir ganz besonders auf, weil sein Gesicht sehr sonnengebräunt war und nicht in die Jahreszeit zu passen schien. Dieses Medium-Terzett brachte in der Television einige Liedchen dar. Außerdem hatten sie Eimer[1] in den Händen, was ich als persönliche Schenkensgeste anläßlich meiner Geburt wertete. Verzückt von ihren himmlischen Klängen schaute ich aus einem kleinen Fenster nach draußen und konnte sehen, wie gerade ein Ochse ein Eselchen bestieg.

Wenige Minuten nach meiner Geburt kam Onkel Valentin mit einer großen Flasche Viez[2] vorbei. Wie mir später

[1] *Die Eimer hatten Löcher, was damals viele verwunderte, sich aber später als Hit herausstellen sollte.*

[2] *Weinhaltiges Erfrischungsgetränk mit Apfelaroma, sehr beliebt in der Moselregion, verwandt dem in Hessen bekannten »Äppelwoi«.*

gesagt wurde, suchte Onkel Valentin immer einen Grund zu feiern, und mit mir hatte er einen guten Grund gefunden. (*Wie* gut dieser Grund war, sollte sich erst viel später herausstellen.) Onkel Valentin beäugte mich kurz, sein fruchtiger Odem stieg in mein Näschen, und er sagte: »Hoch die Tassen«. Dann sagte er noch: »Auf die Liebe«. Onkel Valentin erhob an diesem Tag so viele Tassen, daß er irgendwann besinnungslos in sich zusammenfiel und für immer entschlief.

Zwar war mein Onkel Valentin im Dorf nie der schlauste gewesen (er hatte es nur zum Glöckner der Dorfkapelle gebracht). Dennoch erfreute er sich allgemeiner Beliebtheit, weil er immer eine Flasche Viez bei sich trug und mit allen Menschen gerne »auf die Liebe« trank. Später wurde bei uns im Dorf jener denkwürdige Tag dann jedes Jahr zu seinen Ehren »auf die Liebe« als Valentinstag gefeiert. (Dem Wochentag nach hätte es allerdings »Valendonnerstag« heißen müssen.)

Mein erster Tag auf dieser Welt war also schon sehr aufsehenerregend. Das größte Ereignis aber war der große Stern, der abends über unserem Haus leuchtete. Meine Mutter hatte ihn zuerst gesehen, während mein Vater zunächst meinte, das sei ja bloß ein Zeppelin (er war ein sehr pragmatischer Mensch). Meine Mutter sollte aber (wie später noch so oft) recht behalten. Da ich ja noch keine große Erfahrung mit Sternen hatte und insofern auch nicht beurteilen konnte, ob dies nun wirklich ein außergewöhnlicher Stern war, mußte ich meiner Mutter vertrauen, die da sagte (ich übertrage hier das Moselfränkische in heutiges Deutsch): »Guckt mal, dieser Stern ist der Stern unseres kleinen Jungen, ein Zeichen dafür, daß auch er einmal ein großer Star werden wird.« Daraufhin gab das Medium-Terzett via Television eine erneute Kostprobe seines stimmlichen Könnens. Die Lieder des Trios waren wie Weihrauch und Myhrre für meine Ohren und sagten mir so zu, daß ich begann, auf den Tag zu warten, an dem auch ich ein solches Goldkehlchen sein durfte. Mutter sah in meine leuchtenden Äuglein und zwinkerte mir, von allen anderen unbemerkt, mit dem linken Auge einmal kurz zu. Wir hatten uns verstanden!

Mein Heimatdorf

Den genauen Namen meines Geburtsortes möchte ich nicht nennen. Allgemein bekannt ist ja, daß es sich um ein Winzerdorf an der Mosel handelt. Einige Wissenschaftler geben an, den Namen des Dorfes zu kennen, darunter viele Historiker, Theologen und Sittenforscher. Indem ich aber den genauen Ort nicht bekanntgebe, habe ich den Vorteil, daß an verschiedenen Orten die Stelle meiner Geburt angezeigt und somit auch verehrt werden kann. Recht so! Denn dadurch können rivalisierende Fanklubs ihr Wallfahrtsterritorium wahren, und ich habe einen kleinen Schritt für meine Unsterblichkeit, aber einen großen Schritt für den Weltfrieden getan. Der weitere Grund ist der, daß ich durch die Verschleierung des Ortes, an dem ich das Licht der Welt erblickte, einen ausgeglichenen Beitrag zur Förderung des Fremdenverkehrs in meiner Heimatregion leisten kann.

Anders verhält es sich mit jenem Winzerdorf, in dem ich zum Manne ward. Dort haben die Bewohner, wie wohl jeder weiß, einen Freizeitpark namens »Grapeland«[3]

[3] *engl.: »Traubenland«*

errichtet, in dem meine ersten Wandergitarren, meine erste Blockflöte und meine Triangel besichtigt werden können. Die Grapeland-Idee wurde andernorts oft kopiert, aber leider nie erreicht. In Nashville, Tennessee, hat man sich besonders viel Mühe gegeben, aber Elvis ist eben nicht Guildo, auch wenn er versucht hat, sein Bestes zu geben. Inzwischen ist es eine richtige Mode geworden »Lands« – auch »Themenparks« genannt – zu Ehren eines Mannes oder einer Idee zu bauen. Ich denke da zum Beispiel an »Phanthasia-Land«, »Disney-Land« und »Saar-Land«.
Gerne erinnere ich mich an den Ort, wo meine Wiege stand. Ich frage mich oft, warum genau dieses kleine, unbedeutende Fleckchen für das doch so einschneidende Ereignis meiner Geburt auserwählt worden war. Warum nicht New York, Rio, Tokio? Oder zumindest Detmold, Rostock oder Damp 2000? In den ersten Monaten und Jahren nach meiner Geburt habe ich mich aufmerksam in unserem Dorf umgeschaut, um herauszufinden, warum mich meine Bestimmung hierhin verschlagen hatte. Ich habe bereits als Kind versucht, zu mir selbst und meinen Ursprüngen zu finden und mir über den Zustand unserer Welt so meine Gedanken zu machen. Deshalb galt ich in unserem Dorf (was natürlich relativ bewertet werden muß) als Denker. Viele Bilder in meinem Photoalbum zeigen mich als Zwei- oder Dreijährigen, wie ich mein Kinn auf den Daumen der linken Hand stütze und mit dem Zeigefinger derselben meine Wange so ausrichte, daß der Kopf leicht angewinkelt und mein Blick aus den zugekniffenen kleinen Äuglein ganz auf das Innere der Welt gerichtet ist.

Naschwerk mochte ich auch früher schon

Da der Horizont meiner ersten Lebensjahre sehr eingeengt war (er reichte von der Spitze unseres Weinberges bis zur Kuhweide des Bauern Altwin auf der anderen Seite des Dorfes), war dieses Dorf Ausgangspunkt und vorläufiger Inhalt all meiner Fragen: Woher komme ich, und wohin gehe ich? Warum ich? Und: Warum ich hier? Ich erkannte, daß dieses Dorf als Ebenbild, als Mikrokosmos für die ganze Welt stand. Dieses Dorf sollte mich auf mein späteres Leben als Star und Schlagersänger vorbereiten. »First I take the Dorf then I take Berlin« oder »If I can make it there I'll make it anywhere.«
So betrachtete ich das Dorf mit den Augen eines zukünftigen Stars. Ich versuchte, zu allen Mitbewohnern ein gutes Verhältnis aufzubauen, und bemühte mich, ihre Lebensumstände zu verstehen. Dies galt auch für die Tiere, die ja für einen Schlagersänger eine ganz besondere Bedeutung haben. Zwar traf ich niemals eine Biene oder ein Stachelschwein, aber auf der Weide des Bauern Altwin gab es eine Menge Kühe, und ich suchte mir die schönste aus, zu der ich dann einen vertrauensvollen Kontakt aufbaute. Oft schaute ich dieser Kuh stundenlang tief in die Augen, ja in ihre Seele. (Bei uns im Dorf zählte man nicht Menschen, sondern Seelen.)
Die Kuh hatte offensichtlich ein großes Bedürfnis nach Zuwendung, bisher hatte sich wohl niemand ernsthaft mit ihrer Persönlichkeit auseinandergesetzt. Ich aber nahm sie ernst, und wir verstanden uns ohne große Worte. In ihren wunderschönen Augen las ich, daß diese Kuh eine Identitätskrise hatte. Ich konnte das nicht mit ansehen und beschloß, mich ihren Problemen zu widmen. Wie wir auf dem Dorf wissen, kann nur von einer

glücklichen Kuh eine gesunde Milch erwartet werden. Mein Engagement für dieses Rindvieh hatte also, abgesehen von meiner tiefempfundenen Liebe zu Mensch und Tier, auch eine große Bedeutung für die milchtrinkende Dorfgemeinschaft, die natürlich von dem tieferen Sinn meines Tuns keine Vorstellung haben konnte.
Also bot ich der Kuh meine Freundschaft an, was ja das Beste ist, was (nicht nur) einer Kuh passieren kann. Das von mir entgegengebrachte Vertrauen trieb ihr ein Schameslila ins Gesicht.
Zunächst einmal begab ich mich daran, den offensichtlichen Mangel an körperlicher Wärme auszugleichen. Wir rieben unsere Wangen aneinander, nur gestört durch gelegentliches Widerkäuen, was meine neue Freundin zunächst nicht unterdrücken konnte. Mit viel Geduld fanden wir beide eine gemeinsame Ebene, auf der wir keine Geheimnisse mehr voreinander hatten. Mit der Zeit konnte ich so großes Vertrauen aufbauen, daß ich mich bis zu ihrem Euter vortasten konnte. Voller Demut bestaunte ich das Produktionsvermögen der Kuh, welches sogar das meiner Mutter übertraf. Ich versprach meiner Kuh, daß ich fürderhin nie wieder Milch trinken würde, ohne den Wundern der Natur **danke!** zu sagen. Manche halten Kühe ja für nicht besonders intelligent. Aber vielleicht bedarf es ja wirklich einer besonderen (z. B. meiner) Begabung, um die wahren Qualitäten eines solchen Wesens zu erkennen. Nach meiner Erfahrung jedenfalls kann man, wenn man seine Öhrchen gut gesäubert und gespitzt hat, so manchen wertvollen Kuh-Tip mit auf den Weg bekommen.

Mutter und ich

Meine Karriere wäre ohne meine Mutter nicht möglich gewesen. Sie war es, die mir die wichtigen Dinge des Lebens mit auf den Weg gegeben hat, wie etwa Vanillekipferl, Sandkuchen und natürlich ihre Nußecken. An diesem letzten Beispiel wird deutlich, wie der weibliche Geist es vermag, die großen Fragen der Menschheit in eine Form zu pressen. Während die alten Ägypter auf jahrelange Sklavenarbeit angewiesen waren, um die dreieckigen Gebilde zu fabrizieren, die sie unsterblich machen sollten, vollbrachte es meine Mutter mit einer völlig neuen Aggregatform, die man heute Naschwerk nennt. Das besondere dieser geometrischen Verdinglichung ist die Kombination aus:

1.) geometrischer Konstruktion (= Dasein),
2.) Geruch (= Geist)
3.) verdaubarer Substanz (= Wohlsein)

Diese Dreifaltigkeit muß einer noch nicht erforschten inneren Logik entsprechen, von der heutige Menschen nur eine vage Ahnung haben können. Die Faszination der Nußecke läßt sich aber allein mit naturwissenschaftlichen Erklärungsmodellen nicht beschreiben. So reiht sich meine Mutter Lotti in eine geistesgeschichtliche Tradition ein, die sie gleichermaßen mit Cleopatra und Mutter Beimer verbindet.

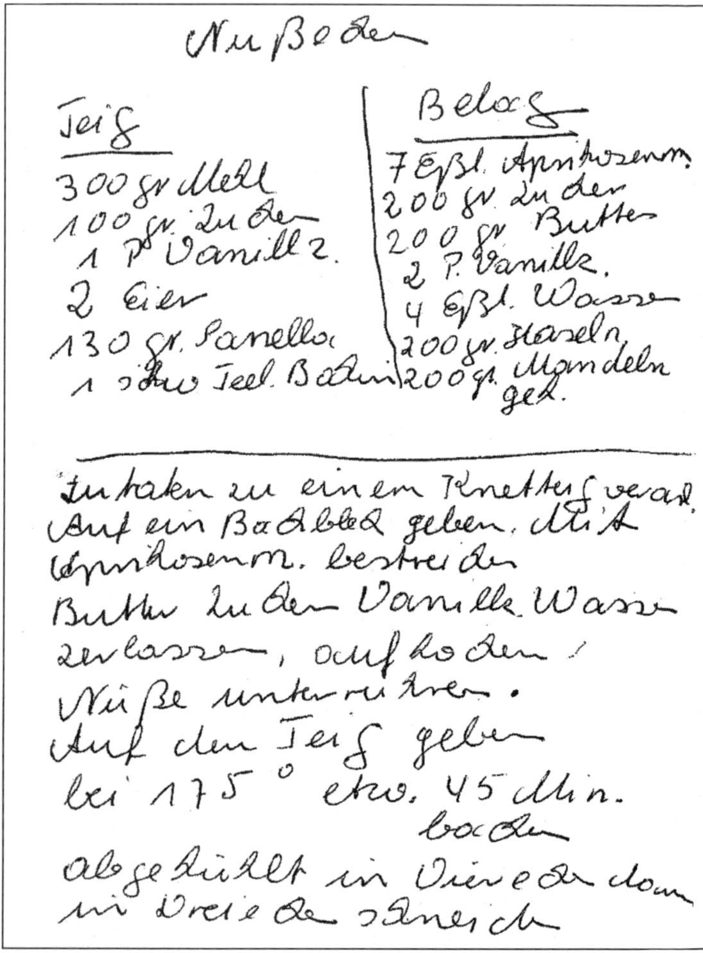

Nußecken

Teig

300 gr Mehl
100 gr. Zucker
1 P. Vanille.
2 Eier
130 gr. Sanella
1 schw. Teel. Backin

Belag

7 Eßl. Aprikosenm.
200 gr. Zucker
200 gr Butter
2 P. Vanille.
4 Eßl. Wasser
200 gr. Haseln.
200 gr. Mandeln ger.

Zutaten zu einem Knetteig verar.
Auf ein Backblech geben. Mit
Aprikosenm. bestreichen
Butter Zucker Vanille Wasser
zerlassen, aufkochen /
Nüße unterrühren.
Auf den Teig geben
bei 175° etwa 45 Min.
backen
abgekühlt in Vierecken dann
in Dreiecke schneiden

Die Mutter aller Nußecken (Rezept von meiner Mutter)

Meine Mutter ist also eine eigene Spezies. Sie folgt nicht den Gesetzen der Logik, sondern denen der Intuition. An einem einfachen Beispiel kann ich dies erklären: Es gibt mittlerweile Bücher, in denen das Rezept für Streuselkuchen detailgenau aufgeführt ist. Eigentlich müßte man ja denken, daß alle Streuselkuchen, die nach diesem Rezept gebacken werden, auch gleich schmecken müßten. Schließlich sind ja die Inhaltsstoffe und die Zubereitungsweise identisch. Trotzdem hat es sich in meinem bisherigen Leben immer wieder erwiesen, daß der Streuselkuchen meiner Mutter am besten schmeckt. Auch in anderen Bereichen des Lebens ist das Wirken meiner Mutter auf wundersame Weise allen anderen Versuchen voraus. Während zum Beispiel frisch gewaschene Unterhosen im Normalfall maximal die Aprilfrische erreichen, bringt es meine Mutter auf den Gesamtduft der Frühlingsmonate März bis Juni. Dies gilt auch und im besonderen für meinen Wohlfühlpulli, den ich immer direkt auf nackter Haut trage und der deshalb besonderer Pflege bedarf. Dieser Genialität verdankt es meine Mutter, daß ich auch heute noch immer meine Schmutzwäsche ihrer Pflege übergebe.
Auch in anderen Lebensfragen suche ich gerne den innigen Kontakt zu meiner Mutter. Wenn ich etwa auf eine von diesen neumodischen Partys eingeladen bin, auf denen es sich schickt, etwas zum Essen mitzubringen, reicht eine einzige Frage nach einem ihrer Rezepte, und sie begibt sich selbst daran, mir einen köstlichen Kartoffelsalat mit auf den Weg zu geben. Wenn sie einmal bedauerlicherweise unabkömmlich ist (etwa in Kur), sehe ich mich hingegen außerstande, etwas ande-

»Hallo Mutti«

res beizusteuern als eine von den Rotweinflaschen, die mir der Pizzaservice vermacht, wenn ich eine Bestellung über dreißig Mark getätigt habe. (Meist bleibt eben diese Flasche unberührt, und ich kann sie wieder mit nach Hause nehmen, um sie bei Mutters nächstem Kuraufenthalt erneut einzusetzen.)

Ein weiteres Zeichen für die intuitive Klugheit meiner Mutter ist, daß sie in sämtlichen einschlägigen Erziehungsfragen immer meinem Drängen nachgegeben hat. Dies tat sie auch dann, wenn mein Vater meinte, mich mit irgendwelchen unverständlichen Maßnahmen disziplinieren zu müssen. Meine Mutter unterstützte in solchen Fällen stets meine Haltung, auch wenn sie klug genug war, dies gegenüber meinem Vater nicht zuzugeben.

Wir hatten damals durch das Radio erfahren, daß es Elvis Presley in seiner Jugend gestattet war, Kekse und Schokolade im Bett zu verzehren. Man muß wissen, daß es in unserem Dorf zur damaligen Zeit undenkbar erschien, einem Kind solcherlei zu erlauben. Ich aber hatte begriffen, daß es für das Heranwachsen eines Stars notwendig ist, gewisse überkommene Regeln zu ändern. Mein Vater hingegen hielt an dem Schoko & Kekse-Verbot im Bett fest und bedeutete meiner Mutter, es ebenfalls einzuhalten. Trotzdem schmuggelte meine Mutter regelmäßig einige Nußecken unter meine Schmusedecke. Sie hatte erkannt, daß eine Nußecke weder Schokolade noch Kekse im klassischen Sinne darstellt und trotzdem beide Komponenten auf wundersame Weise miteinander vereint. Somit hatte sie das Verbot meines Vaters eingehalten und mich trotzdem in einer wichtigen Phase auf dem Weg zum Star aktiv unterstützt. **Danke!** auch hierfür.

Eine der schönsten Erfahrungen, die meine Mutter mir bereitet hat, ist, wie sie mir in meiner Kindheit in der Badewanne mein lockiges Haar mit Apfelschauma einzukraulen verstand. Dieses sinnliche Gefühl empfinde ich bis heute, und ich habe in meinem späteren Leben noch keine Dame kennengelernt, die es mir auf gleiche Weise schenken konnte. Es sind der Mutter Hände, die mir als Sinnbild für meine glücklichen Erinnerungen stehen. Ich träume oft von damals in der Badewanne,

»Hallo Junge«

von diesem Geruch der Äpfel und dem Plätschern des Badewassers. Ich stelle mir vor, wie ich die Haare durch kurzes Eintauchen des Samtköpfchens ins Badewasser vom Schaum befreite, die Äuglein fest zugekniffen. Wenn ich dann auftauchte, stand sie mit einem Frotteehandtuch da, meine Mutter, und trocknete mir zunächst den Kopf ab und dann meinen Rest. Hätte ich damals ahnen können, daß das Leben nur wenige dieser Augenblicke bereithält, ich wäre niemals aus der Badewanne gestiegen.

Vanillhörnchen

300 gr. Mehl
250 gr. Butter
125 gr. Zucker
3 Eigelb
125 gr. ger. Mandeln
zum Knetteig verarbeiten
1 Std. kalt stellen
kleine Hornchen (Kipferl)
formen. Bei 175°
hell gelb backen. Noch
heiß mit einem gem.
Puderzucker + Vanille
bestreuen

Das Leckermäulchen

Wahrlich, es begab sich aber zu jener Zeit, da ich noch zu Hause bei Muttern weilte, und die buk dieses Jahr die allerfeinsten Leckereien. Mandelspitz und Tafelsilber, Nußeck und Schokobrock. Mir, dem kleinen Sohne der Familie, war es untersagt, in die Küche zu gehen und zu naschen. Als Mutti einmal nicht aufpaßte, schwuppdiwupp, war ich schon in der Küche, behend stieg ich auf den Tisch und entnahm dem Backblech zwei, drei, nein vier, gar fünf Brocken des köstlichsten Süß. Um sie zu verbergen, steckte ich sie unter meinen Westover, der nun eine Beule am Bäuchlein warf. Auf dem Weg nach draußen begegnete ich meiner gestrengen Frau Mama: »Du Naseweis«, sprach sie: »Du Schelmenpack, was birgst du denn da unter deinem Westover«, sprach sie. Ich errötete und sagte: »**Danke,** Mutti, da hab' ich mir Plätzchen reingesteckt!«

Vom Polizeibrei im Schlager

Endlich kann ich wieder Polizeibrei essen.
Polizeibrei ist, wie der Name schon sagt, eine recht sämige Angelegenheit und steht in engem Zusammenhang mit unserer staatlichen Exekutive. Ja, der Brei bedingt nahezu eine solche. Ich meine hier den Brei in seiner Funktion als Ordnungsapparat in Bismarckscher Tradition[4].
Es war eine Zeit politischer, sozialer und ernährungstechnischer Umwälzungen. Die Fernseher wurden bunt, und unsere besten Freunde waren ein Delphin, ein Collie-Hund und ein Buschkänguruh. Ich war klein, zart von Wuchs, und mein Haupt war ein kleines Samtköpflein. In dieser Zeit freute ich mich jeden Sonnabend schon auf den sonntäglichen Besuch bei Onkel Polizei, wo mir unter staatlicher Obhut der Polizeibrei bereitet wurde. Mein Onkel Polizei, ein Verkehrsschutzmann von Beruf, war ein wahrer Virtuose in der Zubereitung dieses eigentlichen Flüssignahrungsmittels, welches aber bei Zugabe von weniger Milch auch mit der Gabel gegessen werden kann. Ei, ei, ei, welch ein köstliches Süß.

[4] *siehe Kierkegaard: »Versuch einer Kritik an der Kritik im Polizeibrei«, ebd.*

Der Verzehr dieser Götterspeise (zubereitet mit einem halben Liter Milch, 200 g Zwieback, Bienenhonig, kalt geschleudert, und 250 g Feingrieß, unter der Aufsicht meines Onkels Polizei) gab mir ein Gefühl der Sicherheit, der Geborgenheit und tiefer innerer Wärme. Kurzum, ich fühlte mich gut aufgehoben. **Danke!** Ich genoß die Obhut unter dem staatlichen Schutze meines Onkels, und nicht einmal die immer wieder angedrohte Spinatspritze meiner Mutter konnte meine Welt ins Wanken bringen.
Doch ich wurde älter, meine Nase größer, mein Haar länger, und im deutschen Schlager wurde das erste Mal ein Fis-moll verwandt. Das dritte Programm wurde eingeführt, und Daktari kam eine halbe Stunde später.
Als ich, frisch der Badewanne entstiegen, mit noch nassem Samtköpflein und einer Schüssel Polizeibrei vor dem Fernseher saß, passierte etwas, was vorher unmöglich zu sein schien. Etwas, womit keiner gerechnet hätte. Meine Mutter nicht, ich nicht, und schon gar nicht mein Onkel Polizei. Dabei begann alles so harmlos ...
Paula, die blonde Frau in Daktari, ging mit dem Schimpansen Judie und dem schielenden Löwen Klärenz in den Busch spazieren. Paula hielt den Schimpansen, welcher an der Hand kreischend auf und absprang, und Klärenz trottete gutmütig hinterher. Als plötzlich, vollkommen ohne Vorwarnung, eine Horde wildgewordener kalter Bauern auf einem Bein hinter einem Affenbrotbaum hervorsprang. Von Paula und Judy unbemerkt, warfen sie ein riesiges Löwenfangnetz über Klärenz und schleppten das arme Tier unter Einholgesängen in den Busch. Und niemand half ihm. Nicht

Paula nicht und Judie nicht, nicht Daktari nicht und vor allem nicht mein Onkel Polizei. Wo war er gewesen, als dieses wilde Volk das Tier entführte? Warum kam er nicht mit Blaulicht angesaust und nahm die Bauern fest? Wie konnte er seine staatliche Schutzpflicht so verletzen? Fragen, die ich mir wieder und wieder stellte. Aber meine besorgten Gedanken gingen noch weiter. Könnte so etwas auch mir passieren, fragte ich mich. Könnte auch ich von einer Horde kalter Bauern gefangen werden? Könnte auch ich von der staatlichen Schutzmacht so im Stich gelassen werden? Fragen, die mir mein junges Samtköpflein durchbohrten. Und auf einmal schmeckte ich den plötzlich bitteren Geschmack von Polizeibrei am Gaumen.

Der Geknatschten

Mit zunehmendem Alter mußte ich erschreckt feststellen, daß ich zunehmend oraler wurde. Dies äußerte sich vor allem darin, daß ich immer öfter den tiefen Wunsch in mir verspürte, wieder an Mutters Brust zurückzukehren. Dort hatte ich als Säugling, wohlig weich beschirmt vor allen Widrigkeiten der Welt, so für mich hinsaugen können.

Da sich mir jedoch sowohl meine Mutter als auch meine Lieblingskuh für das Stillen meiner oralen Begierde verweigert hatten, hielt ich Ausschau nach einer weiteren Person meines Vertrauens. Ich suchte mir also ein Opfer, vielmehr ein Gegenüber, das meinem Verlangen nicht widerstehen konnte. Meine Wahl fiel auf ein Stofftier, von dem mir erzählt worden war, es stelle einen Schimpansen dar. In unserem Dorf gab es sonst keine Schimpansen, und so war ich bereit, dies zu glauben.

Obwohl ich das Kuscheltier bereits kurz nach meiner Geburt in meinem Bettchen antraf und wir seitdem viel gemeinsame Zeit miteinander verbracht hatten, konnte man bis zum damaligen Zeitpunkt von wirklicher Freundschaft nicht sprechen. Wir hatten uns tausendmal berührt, aber tausendmal war nichts passiert. Das

Affentier war sehr bescheiden und hielt sich meist im Hintergrund. Insofern ergänzten wir uns sehr gut, und auch beim Stillen meiner Begierde nach Säugung nahm es den passiven Part ein. Es schien ihm gut zu gefallen, obwohl sein Gesicht nach unserem ersten gemeinsamen feuchten Erlebnis bis zur Unkenntlichkeit zerknatscht war. Als Erinnerung an unser erstes Geheimnis gab ich ihm den Namen »der Geknatschten.[5]«
Zunächst einmal brauchte der Geknatschten wieder ein neues Gesicht. Zum Glück gab es da meine Großmutter Veronika, eine von unserem Herrgott begnadete Näherin, die dem armen Tier die Spuren meiner ungestümen oralen Liebkosung quasi durch einen Akt plastischer Chirurgie wegoperieren konnte. Großmama formte dem arg ramponierten Schimpansen ein neues Affengesicht aus Wildleder. Nun sah er wieder aus wie neu. **Danke,** Oma!
Bis auf die Ohren. Die hatte ich wohl in einer weiteren stürmischen Sitzung aufgegessen, und Oma war es nicht aufgefallen.[6] Sei's drum. Den Geknatschten hat das Fehlen seiner Affenohren wohl nie gestört, jedenfalls hat er dieses Problem bis zum heutigen Tag nicht thematisiert. Unter der diskreten Anteilnahme meiner Großmutter (Mutter sollte davon nichts wissen) lebten wir glücklich und zufrieden den ganzen Sommer lang. Abends gingen wir miteinander am Fluß spazieren, Hand in Hand. Und es war Sommer, das erste Mal im Leben. Wir ließen flache Schiefersteinchen übers Wasser tanzen und teilten

[5] *Später benannte ich auch noch eine Süßspeise nach ihm: »Geknatschten«.*

[6] *Seit dieser Zeit trägt der Geknatschten sein Steifftierzeichen um den Hals.*

uns unsere erste Zigarette. (Ich muß gestehen, daß es eine Schokozigarette war. Wo doch Schokolade besonders ungesund ist.) Der Geknatschten; ein Affe zum Pferde stehlen.

Unser Glück wäre nicht vollkommen gewesen, hätte nicht Oma stets zur Stelle gestanden, wenn der Geknatschten wieder ein neues Gesicht benötigte. Sie ließ ihrer Kreativität dabei freien Lauf und überraschte uns mit immer neuen farbenfrohen Kreationen. Mal grün, mal blau, mal paisley, mal Schotte strahlte mir mein süßer Begleiter entgegen. So hätten wir glücklich bis an unser Lebensende weiterleben können – wäre da nicht die Sache mit den Ohren gewesen, die mir natürlich immer noch nachhing.

Kleinlaut vertraute ich mich schließlich meinem Onkel Thia an. Mit Schamesröte im Gesicht berichtete ich ihm von meinen nächtlichen Ausschweifungen mit meinem kleinen Freund. Es sollte ein Gespräch unter Männern werden, das Onkel Thia mit den Worten beschloß: »Sorge dich nicht, lieber Guildo. Die Liebe ist ein seltsames Spiel. Tu, was du nicht lassen kannst. Jedem Tierchen sein Pläsierchen.«

Gerne denke ich heute noch an diesen Sommer zurück. Er hat mich gelehrt, daß man nicht einmal Ohren braucht, um verstehen zu können.

Onkel Thias Backstube

Käsekuchen

8 Eier bitte trennen 250 gr. Zucker 1 El. Buttervanille
2 Pfd Schichtkäse 2 Päckchen Käskuchenhilfe
Mit dem Mixer alles gut durch rühren zum Schluß
Ei Schnee drunter heben alles schön sämig rühren
eine 28er Form gut ein fetten und mit Paniermehl
aus streuen

Bei Umluftherd 180 grad vor heizen
1, 55 bis 1 Stunde

Mein Onkel Thia kann übrigens auch gut backen.

Früh übt sich ...

In so einer kleinen Gemeinde wie meinem Geburtsdorf gibt es keine Geheimnisse. Und selbst wenn es denn welche geben würde, wären sie bald keine mehr. Das bringt natürlich seine Vor- und Nachteile mit sich. Vorteile, weil man stets über alle Fragen des gesellschaftlichen Lebens im Dorf vorzüglich informiert wird. Nachteile, wenn man selbst zum Gegenstand der mündlichen Überlieferungen wird. Mich kannte natürlich jeder, obwohl hier vielleicht anzumerken wäre, daß sich bei uns sowieso jeder kannte. Aber allen Dorfbewohnern war seit meiner Geburt vermittelt worden, mit wem sie es zu tun hatten und was meine Bestimmung war. Dieser Aufgabe hatte sich meine Mutter mit Hingabe gewidmet, indem sie es diskret durch den Dorfherold verkünden ließ.

Im zarten Alter von vier Jahren, als ich mich reif genug fühlte, meine ersten langen Hosen zu tragen, konnte und wollte ich dann nicht mehr warten. Die Zeit war gekommen, meiner Bestimmung einen gewissen Nachdruck zu verleihen. Bislang hatte ich meine Tage damit verbracht, nachdenklich die Umgegend meiner dörflichen Heimat zu erkunden und den vertraulichen Kontakt zu meiner Lieblingskuh zu pflegen. Doch nun mußte etwas Neues passieren. Am wichtigsten schien mir, ein adäquates musikalisches Umfeld für mich zu finden. Die Auswahl fiel mir jedoch schwer, da in unserer Gemeinde gleich zwei renommierte Musikvereine hierfür in Frage kamen.

Voller Fragen lief ich zu meiner Kuhweide und erzählte meinem Lieblingsrind von meinem Vorhaben. Wozu sind denn Freunde da? Sie hörte mir geduldig zu, während sie ein Klößchen Vorverdautes in ihrem Mund zergehen ließ, und sagte dann erst mal nichts. Ein wichtiger Entschluß so wie dieser will eben genauestens überlegt sein. Tief blickte ich in ihre wundervollen Augen, und dann verstand ich die Botschaft.: »In deinem Leben mußt du stets deinen Gefühlen folgen. Niemand sonst kann dir helfen.« – »O **danke!**« dachte ich nur, »liebste Freundin, ohne deinen Ratschlag wäre ich nie soweit gekommen«.

Am darauffolgenden Sonntagmorgen zog ich mir ein frisches Wams und meine Ausgehschuhe an und begab mich zum sagenumwobenen »Dicken Jupp«, einer alteingesessenen Dorfkneipe, wo der Männerkammerchor meines Begehrens, »Lyra 1929«, wöchentliche Musikprobe hielt. Bereits im Eingangsbereich schallte mir die geballte Kraft eines fünfzig Mann starken Klangkörpers entgegen. Hier war ich richtig, da gab es gar kein Vertun. Wie von Geisterhand geleitet, schritt ich durch die vom Zigarettenrauch verschleierte Kneipe, hin zum angrenzenden Musiksaal, in dem während der Kirchweihzeit ab und an auch Tanzveranstaltungen stattfanden.

Ohne anzuklopfen, betrat ich den Raum. Niemand hatte mich bemerkt, da man sich gerade in einem zünftigen Jagdquodlibet befand. Ein Musikstück so ganz nach meinen Geschmack, bestehend aus »Ein Jäger aus Kurpfalz«, »Auf, auf zum fröhlichen Jagen«, und »Wer hat dich, du deutscher Wald ...« Als sich dann die allseits bekannte Generalpause im 24. Takt einstellte, konnte ich vor Verzückung nicht mehr an mich halten und schmetterte aus Leibeskräften die letzten Takte des deutschen Waldliedes:

»... aufgebaut so hoch da droben?
Wohl den Meister will ich loben,
solang' noch mein Stimm' erschallt.«

Alle Augen waren auf mich gerichtet. Nur Herr Frick, der musikalische Leiter des Esembles, hatte gleich entdeckt, welchem Ausnahmetalent er sich gegenübersah, und forderte mich flehentlich mit ringender Geste seiner Hände zum Weitersingen auf. Dann vollführte er mit beiden Armen eine weit ausholende Bewegung, das unübersehbare Zeichen zum Einsatz der gesamten Chorschaft, die mittlerweile mit geschlossenen Augenlidern niederkniete, um mir die wohlverdiente Ehrerbietung darzubringen.

Am darauffolgenden Tage wurden dann der zweite Vorsitzende und der kommissarische Schriftführer der Lyra bei meiner Mutti vorstellig und unterbreiteten ihr ein lukratives Angebot, um mich und meine goldene Kehle für ihr Ensemble verpflichten zu können. Zum damaligen Zeitpunkt kannte ich meinen späteren Manager, der Diether, noch nicht. So war es an Mutti, alle weiteren Vertragshandlungen zu übernehmen. Schon zu dieser Zeit hatte ich die besten Laktatwerte und stand für mein zartes Alter verdammt hoch in der Dorfrangliste. Die

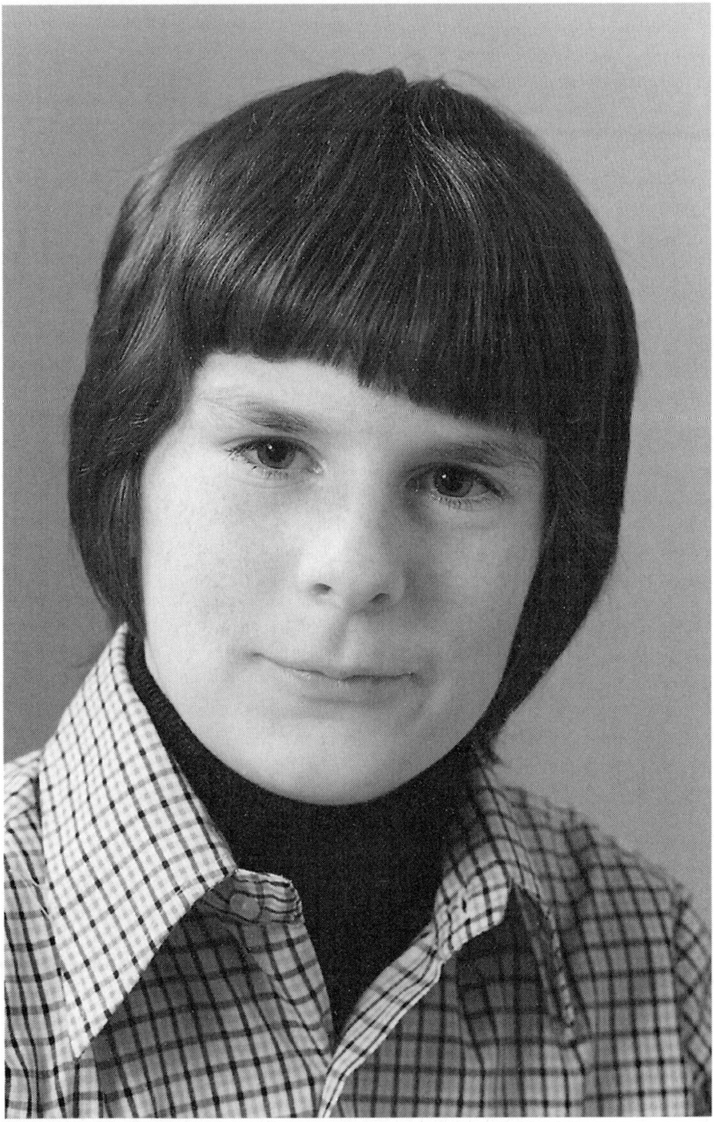

Damals war ich in unserem Dorf schon ein Star

günstigsten Voraussetzungen also, um über eine möglichst hohe Ablösesumme zu feilschen. Andererseits wollte ich unbedingt in diesen Verein wechseln, um auch endlich einmal in einem anderen Weinberg singen zu können. Nach längerem Hin und Her[7] einigte man sich dann auf einen Dreijahresvertrag mit Option für ein weiteres Jahr. Mir wurde ein repräsentatives Fahrzeug zur Verfügung gestellt, ein standesgemäßes Tretmobil der Firma Kettler, und man staffierte mich mit der Gesamtkollektion der hochwertigsten Vereinskleidung aus. Erhobenen Hauptes kutschierte ich fortan in meinem Sportwagen durch unser kleines Dorf, stets das rote Wappen mit dem Vereinsemblem auf meiner stolzgeschwellten Brust. Jeder drehte sich nach mir um, nach mir, dem jüngsten Sproß dieses sogar bis ins Nachbardorf bekannten Chores. Für Mutti hingegen schien das alles nichts Außergewöhnliches zu bedeuten. Sie sah sich nur bestätigt, wußte sie doch seit meiner Geburt, daß ich zu Höherem geboren war. Deshalb betrachtete sie meine Erstverpflichtung richtigerweise auch nur als Durchgangsstation auf dem Weg nach ganz, ganz oben. Das Showgeschäft will eben von der Pike auf gelernt sein. Aus lauter Dankbarkeit für den geglückten Transfer erlaubte ich Mutti fortan, meine glanzvollen Uniformen aufzubügeln. Sie genoß in diesen Sachen mein größtes Vertrauen, auch wenn sie beim Einsteifen der Hemdkragen manchmal einfach zu nachlässig war. Aber schließlich war sie meine Mutter, und ich übte mich in relativ großer Geduld.

[7] *Mutti hätte fast schon den § 11 gezückt.*

Ein Horn zieht hinaus in die Welt

Zum Tage meiner Volljährigkeit veranstaltete man bei uns zu Hause ein großes Fest. Auf unserem Hof gab es ein neckisches Treiben, und kein Dorfbewohner hatte es sich nehmen lassen, in der Gratulantenschar dabeizusein. Selbst die Verwandten aus dem Nachbardorf kamen mit in ihrem Ford 12 M angereist. Die Kinder tanzten Ringelreigen. An einem großen Tisch ließen alte Männer ihren Gedanken freien Lauf, meilenweit im Dunst von Peter Stuyvesant und Maryland Blau. Die Bauern spielten »Was bin ich?«, das heitere Beruferaten, und fingen immer wieder an sich zu streiten, weil sie ja als Bauern alle denselben Beruf hatten.
Keiner meiner ehemaligen Schulkameraden fehlte bis auf Uli, der Fehlerteufel, der einer Wasserbombe zum Opfer gefallen war. Obwohl wir eine kleine Dorfschulklasse waren, sollten sich in meinem späteren Leben viele Menschen auf eine gemeinsame Schulzeit mit mir berufen.
Anstatt auf einen Gabentisch wurden die Geschenke auf ein großes Förderband gelegt. Darüber hing ein überdimensionales Ölgemälde, das mich als kleines Kind mit einem Plastiktelefon zeigte. Die Gäste hatten ihre letzten

Groschen zusammengekratzt, um mir angemessene Präsente überreichen zu können. Ich hatte mir die Geschenke, die am laufenden Band an mir vorbeiliefen, genau gemerkt: Klick-Klack-Bälle, eine Treppenhüpfspirale, ein Poesiealbum, ein Knautschsack und sogar ein »Mister Hit«. Das gewürfelte Fragezeichen hätte ich fast vergessen. Es war einzulösen gegen ein Katzenquartett, das ich mir sofort in meinen Brustbeutel steckte.

Als ich mir die Geschenke so betrachtete, wurde mir etwas wehmütig ums Herz. Von diesem Mammon würde ich mich wieder trennen müssen, noch bevor ich ihn richtig besessen hatte. Eine innere Stimme sagte mir, daß mein Leben eine große Wende erfahren würde. Auch Mutter mußte sich in den letzten Tagen mit schweren Gedanken gequält haben, was ich an meinem Hemdkragen ablesen konnte, dessen Reinheit alles andere als porentief war. Auch ihre Partystimmung schien getrübt.

Stets war sie sonst bei solchen Festivitäten als dauergewellte Stimmungskanone hervorgetreten. Ihr Talent, lustige Ständchen zur allgemeinen Unterhaltung darzubieten, berechtigte sie sogar dazu, bei allen wichtigen Festen die dazugehörige Polonäse anzuführen. Ihre Lieder wie »Horch, was kommt von draußen rein« oder diverse Textvariationen auf die Melodie von »Ein Vogel wollte Hochzeit machen, fiderallalla« waren regelrechte Immergrüns. Heute aber überraschte sie uns mit einem neuen Werk.: «Muß i denn, muß i denn, zum Städtele hinaus.« Mutter rang zunehmend um ihre Fassung. Als sie wieder einmal an der Stelle »doch Du, mein Schatz, bleibst hier« angelangt war, hatten sie und die Pferde auf

den Weiden Tränen in den Augen. Meine Mutter war so ergriffen, daß sie es nur mit großer Mühe schaffte, das Lied bis zum Ende durchzusingen. Nach einigen Sekunden allgemeiner tiefer Betroffenheit war ihr ein jubelnder Applaus dennoch auch dieses Mal sicher. Sie indessen verschwand ohne Verbeugung sofort im Haus. Die Gäste applaudierten weiter, stampften mit ihren Krügen auf die Tische und ließen eine Rakete steigen, die in der einstimmigen Forderung nach »Zugabe!« gipfelte. Vada lief ihr nach, doch ohne Erfolg. »Sie fühlt sich nicht gut und möchte sich deshalb lieber um das Geschirr kümmern,« richtete er aus, als er wiederkam.
Doch die weinselige Begeisterung der Gäste ebbte nicht ab. Nach minutenlangen Beifallsstürmen öffnete sich endlich die Haustür. Es wurde mucksmäuschenstill. So stand sie nun da im Türrahmen. Meine Mutter. Alle Augen waren auf sie gerichtet. Sie hatte ihr Haar geöffnet und trug eine weiße Leinenkutte, in deren Falten der leichte Abendwind sanft spielte. Der aus der Küche wabernde Dampf der Waschmaschine stieg an meiner Mutter hoch und hinauf in den offenen Himmel. In den Händen hielt sie ein Windlicht, das die unvergleichlichen Züge ihres Gesichts von unten anstrahlte. Es war das Gesicht einer alten, weisen Squaw. Mutters Augen waren feucht, doch sie blieb gefaßt.
Tief holte sie Luft. Mit leiser, aber eindringlicher Stimme begann sie:
«Nehmt Abschied, Brüder, ungewiß ist alle Wiederkehr.«
Das saß wie ein Donnerschlag. Langsam trat sie singend aus der Tür hervor und stand nun im Schein des Feuers. Die gesamte Gästeschar trat, wie von Geisterhand ge-

führt, einen Schritt zurück, so daß sich eine Gasse bildete. Nun sah ich, daß Mutter barfuß war. Mit andächtigem Gang schritt sie durch die Menge. Das Haupt leicht erhoben, trug sie das Licht mit ausgestreckten Armen vor sich her. Dort saß ich, als einziger in Opas Lehnsessel thronend. Ausnahmslos alle Anwesenden standen innerlich bewegt in Reih und Glied. Es fanden sich Schulter und Schulter, Hand und Hand. Die Gratulanten verschmolzen zu einer monumentalen Kulisse, die das Pathos von Blut, Schweiß und Tränen ausdünstete. Vada verteilte brennende Holzscheite, und alsbald knieten alle nieder. Mutters Stimme schwoll zu ungeahnter Fülle an. Schon bald umflorte ein leises Summen der Männer den tiefen Glanz der Melodie. Als Mutter die zweite Strophe einen halben Ton höher und mit einem unglaublichen Crescendo begann, traten die Mitglieder des Gesangsvereins Lyra hervor und postierten sich in Zweierreihen hinter sie. Dann stimmten sie ein. Öhi, der taube und zahnlose Dorfälteste, der sich nur mit Hilfe seines Wurzelstockes fortbewegen konnte, wuchs über sich hinaus. Er schmetterte das Lied mit unglaublicher Inbrunst aus seiner Brust hinaus und peitschte dazu mit seinem Krückstock den Takt in den Himmel. Onkel Thia hielt mit beiden Händen einen Käsekuchen, den er so zu weihen hoffte.

Eine Steigerung schien nicht mehr möglich zu sein. Doch als der Chor die dritte Strophe der Volksweise begann, setzte Mutti noch eins drauf: »Na honkt tibuta« sang sie, der Welt entrückt. Ich wußte, daß es sich hier um die Suaheli-Sprache handelte, die sie sich mangels einer örtlichen Volkshochschule als Zuschauerin von

Daktari angeeignet hatte. Die Menschen des Dorfes sangen weiter auf Deutsch, aber aus vollen Herzen. Liebe ist Musik, und Musik ist Liebe. Die Katzen, die Hunde, die Schafe verliehen ihren Gefühlen Ausdruck. Und es war mir so, als ob ich sogar aus der Ferne die unterdrückten Seufzer meiner mit den Jahren ergrauten Lieblingskuh vernehmen konnte. Am Ende versammelte sich der Chor in der Schicksalszeile

»Ungewiß ist alle Wiederkehr.
Die Zukunft liegt in Finsternis
und macht das Herz uns schwer«,

die meine Mutter mit einem dreioktavigen Jodler bekränzte. Während das Echo der Berge das Klangbild über das ganze Tal trug, stellte sich hinter meiner Mutter eine Art Prozession auf, die mir nun in Formation gegenüberstand. Ich erhob mich von meinem Sessel, und der Gesang ging in ein melancholisches Summen über.

»Mmm, mmm, mmmh.«

Mutter legte das Licht in meine Hände. Ich bin mir ziemlich sicher, daß sich in diesem Augenblick der Himmel öffnete und Bruce Low mit in das Summen einfiel. Und Mutter sprach:

»Du bist jetzt ein Herr, und der Tag des Herrn ist gekommen. Seit deiner Geburt habe ich mich vor diesem Tag gefürchtet, aber du bist derjenige aus unserem Dorfe, der auserkoren worden ist. Bislang war es deine Aufgabe, Trauben zu pflücken. Nun zieh hinaus in die Welt. Du sollst nicht mehr Trauben pflücken, du sollst Menschen pflücken.«

Mutter sagte nicht, daß sie mich von Kindesbeinen an

auf diese Aufgabe vorbereitet hatte. Die anderen hätten es sowieso nicht verstanden. Stumm standen wir uns also gegenüber. Die Zeit stand still. Wir schwiegen. Und die Lämmer taten es uns nach. Doch ich wußte, was Mutti sagen wollte: Der Kreuzzug der Zärtlichkeit wartete auf mich, und ich war jetzt ganz auf mich allein gestellt.[8] Ich hob das Licht bis zur Höhe meines Hauptes, schwenkte es zunächst nach links und dann nach rechts und sagte: »**Danke!**«

Mutter überreichte mir ein Kuvert, auf dem »der Diether« draufstand, und ein Behältnis aus reiner Tupperware, dessen Inhalt mir für die nächsten Tage als Wegzehrung dienen sollte. Ich drehte mich um, und ohne einen Blick zurück schritt ich den Weg hinab bis zum Ufer des Flusses. Der Fährmann hatte mich bereits gesichtet und begrüßte mich wortlos am Sarah-Kai. Auch er hatte Tränen in den Augen. »Bring mich in die Stadt«, hieß ich ihn nur, und wir stachen in den Fluß.

Trier kannte ich bisher nur aus Erzählungen. Es ist eine große Stadt, die so viele Häuser hat. Als wir abgelegt hatten und uns nur wenige Meter weg vom Ufer befanden, überkam selbst mich der Anflug einer sentimentalen Rührung. Ich hatte mein Heimatdorf verlassen, doch wie zum letzten Gruße sah ich auf den gegenüberliegenden Moselfelsen noch die Schatten der Dorfbewohner, die im Schein der Fackeln tanzten. Diese Menschen waren traurig, doch ich konnte es ihnen nicht ersparen. Ich wußte nicht, ob ich sie jemals wiedersehen würde,

[8] *Den Geknatschten allerdings hatte ich in weiser Vorahnung in meiner Jackentasche einquartiert.*

doch auf mich wartete die Stadt, das Land, der Fluß, Tier, Name und Beruf. Eine ganze Weile stand ich da, tief in Gedanken versunken. Der Schein der Lichter wurde immer schwächer und schwächer, und die Klänge verhallten in den weiten Windungen des Moseltals. Das ferne Geläut der Kuhglocken fügte sich zur Melodie von »Er gehört zu mir«. Doch ich gehörte jetzt nur noch mir selbst und meiner Mission.

Da stand ich nun: ein Tupperkästchen voller Nußecken und das Kuvert in meinen Händen. Als ich es öffnete, begriff ich endgültig die Tragweite meiner Situation. Auf einem kleinen Zettel hatte Mutter mir die Adresse von der Diether aufgeschrieben. Der würde mir in der großen Stadt helfen. An ihrem Schriftbild konnte ich erkennen, wie schwer es ihr gefallen sein mußte. Meine Mutter war eine tapfere Frau.

Als wir in Trier ankamen, war auch die Sonne gerade eingetroffen und hatte der Stadt ein orangefarbenes Kleid angelegt. Noch nie hatte ich so viele Häuser gesehen. Ich verabschiedete mich von dem Fährmann und legte ihm eine Nußecke auf die ausgestreckte Zunge. Er verneigte sich und sagte leise servus.

Ich kannte große Städte aus dem Fernsehen, Bullerbü und auch die Straßen von San Francisco. Doch in Wirklichkeit sieht ja immer alles anders aus. Manche Häuser hatten mehr als vier oder fünf Stockwerke, und als ich davorstand, wurde mir ganz schwindelig. Da ich ja schon immer wußte, daß mich meine Bestimmung in eine große Stadt führen würde, hatte ich mich bereits innerlich auf das Leben in der City vorbereitet. Von »Kaspar als Verkehrsschutzmann« hatte ich gelernt, daß man einen Fußgängerüberweg überquert, indem man den rechten Arm vom Körper abgewinkelt nach vorne richtete. Wie ich aber feststellen mußte, war dieses Wissen noch nicht bis nach Trier vorgedrungen, und so ging ich mit gutem Beispiel voran. Schon wenige Minuten nach meiner Ankunft in Trier bewegte ich mich sicher im Straßenverkehr und wäre nicht weiter aufgefallen, hätte ich nicht noch immer meine Trachtenlederhose und meine Gummistiefel getragen.

Der Meistermacher

Bevor ich mich zu der Diether aufmachen wollte, nahm ich mir noch etwas Zeit, um Stadt und Leute kennenzulernen. Ich schlenderte durch Straßen und Gassen und grüßte artig die Menschen, die ich traf. Doch kam es mir schon etwas merkwürdig vor, daß sie von meiner Ankunft offenbar noch keine Notiz genommen hatten. Wo war die Menschenmasse, wo der Stadtobere, wo die Honoratioren, denen ich meine Aufwartung machen konnte? Nach kurzem irritierten Suchen wurde ich dann doch noch fündig. Unter einem großen Schild mit der bedeutungsschwangeren Aufschrift »Texaco« hatten sich viele Menschen zu einer Feier versammelt. Wie mir erklärt wurde, handelte es sich bei dem freudigen Anlaß um die Eröffnung von Triers erster Großtankstelle. Zwar vermochte ich die historische Bedeutung dieses Ereignisses damals noch nicht ganz einzuschätzen, doch allem Augenschein nach war diese Zeremonie nicht weniger bedeutsam als die Einweihung der Pfarrkirche bei uns zu Hause. Die Leute waren adrett gekleidet, manche trugen sogar ihren Sonntagsanzug, obwohl es sich doch nur um einen gemeinen Wochentag handelte. Die Kinder schmückten sich mit bunten Luftballons.

Auch für mich war es die erste Texaco-Tankstelle, und ich betrachtete all die schönen Dinge mit großen Augen. In den Regalen gab es Brause, die extra für Seefahrer hergestellt wurde (auch Trier war ja eine Hansestadt), mit Schokolade gefüllte Zigaretten (obwohl Schokolade ja sehr ungesund ist) und Halsketten, deren Perlen man essen konnte. Ich war hocherfreut, daß sich so viele Menschen eingefunden hatten, und nutzte die Versammlung für eine kleine Einstandsrede, die ich aus dem Stegreif vortrug. Obwohl es gar nicht meine Absicht gewesen war, schien ich die Leute zu belustigen. Trotzdem wandten sie sich nach einigen Minuten alle wie auf Kommando von mir ab und bildeten anderswo eine Menschenschlange. Ich konnte nicht erkennen, was da vor sich ging. Gab es da etwa noch einen Fremden, der gerade der Stadt seine Aufwartung machte?
Ich sollte mit meiner Vermutung recht behalten. Den Menschen, der meine Zuhörerschaft fortgelockt hatte, kannte ich aus dem Fernsehen, und er wurde allgemein, wie es in unserem Dorfe bei netten Menschen üblich war, mit »uns« angeredet.
»Uns Uwe«, ein Seeler von einem Mensch, hatte ebenfalls die frohe Kunde der Texaco-Eröffnung vernommen und sich hier eingefunden. Sogleich fühlte ich mich in guter Gesellschaft und reihte mich ein, um ihn begrüßen zu können. Als ich den Anfang der Schlange erreicht hatte, sah ich, daß sich »uns Uwe« eine kleine Begrüßungszeremonie hatte einfallen lassen. Auf einem Tisch neben ihm waren pyramidenförmig alte Dosen aufgebaut. Eine junge Dame, die sich mit einer Kopfbedeckung mit Texaco-Wappen schmücken durfte, reichte

mir einen Ball und bedeutete mir, damit auf die Dosen zu werfen. Da ich solche Spielchen längst von der Dorfjugend her kannte, war es mir ein leichtes, diese Aufgabe zu erfüllen. Mit einem einzigen Wurf räumte ich den Tisch ab. Daraufhin ehrte mich die Dame, indem sie mir ein kleine Fahne überreichte, auf der ebenfalls das Texaco-Wappen abgebildet war. **Danke!**, sagte ich artig und nahm mir vor, diese Fahne meinem Dorfe zu stiften, wo man bestimmt sehr stolz darauf sein würde. Dann stand ich endlich ehrfürchtig vor IHM und wurde ich zugleich Zeuge und lebendiges Beispiel der schöpferischen und prophetischen Kraft eines **Uwe Seeler**.
Herr Seeler beugte sich so tief zu mir hinab, daß ich auf seinem Rücken immer noch das Stigma der »10« zu sehen glaubte. Dann überreichte er mir einen Sachpreis in Form einer Pingpong-Ausstattung und sprach mit gütiger Stimme Worte zu mir, die ich nie mehr vergessen sollte: »Mein junger Freund,« sagte er, »wenn du so weitermachst in deinem Leben, wird aus dir einmal ein **Meister** werden.«

Der Kreuzzug der Zärtlichkeit beginnt

Ich wußte nicht, was meine Mutter und der Diether ausgemacht hatten. Doch noch immer waren mir die Worte im Gedächtnis, die er mir einstmals als kleinem Bub mit auf den Weg gegeben hatte: »Guildo, ich bringe dich ganz groß raus.«
Wie groß, das sollte ich jetzt erfahren. Ich fragte mich durch zur Villa von der Diether, wo er mich auch schon erwartete. Das Büro duftete nach frischem Caro-Kaffee, und der Wind des Wechsels lag in der Luft. Der Diether kam direkt zur Sache:
»Es ist noch kein Meister vom Himmel gefallen. Deshalb habe ich einen Plan ausgearbeitet.«
Er knipste das Licht aus und schaltete seinen Overheadprojektor ein. In Gestalt vieler Tabellen und Grafiken konnte ich dort meine mittelfristige Lebensplanung dargestellt sehen. In allen Einzelheiten erläuterte der Diether mir Folien und hob mit dem pfeilförmigen Licht seiner kleinen Taschenlampe dabei die besonders entscheidenden Stationen meiner Zukunft hervor.
Besonders wichtig erschien es ihm dabei, daß ich eine vernünftige Grundausbildung erhalten solle:
»Wir wollen doch nichts dem Zufall überlassen, nicht?«

»Wie du meinst, der Diether.« Ich drückte den Geknatschten fest an meine Brust. »Was soll ich tun?«
Der Diether erhob sich aus seinem Sessel. »Ich habe da was vorbereitet. Reine Formsache. Du mußt nur hier unterschreiben.«
Ich hatte nicht gewußt, daß das so einfach war. Der Diether meinte es wirklich gut mit mir. Er reichte mir einen goldenen Pelikan, doch ich unterschrieb lieber mit der Rückseite meines Geha-Tintenkillers. Mein erstes Autogramm.
In einem waren sich meine Mutter und der Diether einig gewesen. Einem rechten Menschenpflücker steht ein erziehungswissenschaftlicher Studiengang gut zu Gesicht. Der Diether hatte mich deshalb an der Pädagogischen Fakultät zu Trier eingeschrieben. Schon am nächsten Tag sollte es losgehen. Ausgerüstet mit Geodreieck, Rechenschieber, Aufgabenbuch und dem Prototyp des heutigen Scout-Ranzens begab ich mich dann zu meinem neuen Wirkungsfeld. Ich verstand zwar immer noch nicht so genau, was ich da sollte, da man aber Großes mit mir vorhatte, versuchte ich mich möglichst gut in das studentische Leben zu integrieren.
Ich muß zugeben, daß ich mich zunächst etwas schwertat. Die jungen Menschen waren ganz anders, als ich sie von unserem Dorf her kannte. Besonders groß war der Unterschied, was die Musik anbetraf. Auf wilden Festen tanzten sie partnerlos zu Urwaldmusik und Gitarren, die der bekannten Wandergitarre nur dem ersten Anschein nach verwandt waren. Ihre Haarpracht hatten sie verkommen lassen und wirkten auch sonst eher ungepflegt. Die gängigen Benimmregeln waren ihnen

unbekannt, und besonders die Studenten weiblichen Geschlechts hatten noch nicht zu ihrer angestammten Bestimmung gefunden. In der örtlichen Gastwirtschaft, der sogenannten »Cafete«, war deftige Hausmannskost gänzlich unbekannt. Man befand sich noch weitgehend im Stadium der Körner-und-Gemüse-Ernährung, die ich nur aus Erzählungen von der »schlechten Zeit« her kannte.
Auch sonst mußte ich feststellen, daß dieses studentische Volk noch sehr rückständig war. Es war eben noch nicht mit der revolutionären Kraft des Schlagers in Kontakt gekommen. Aber dafür gab es ja mich. Ich wartete auf meine Stunde, doch die Zeit war noch nicht reif. Also begnügte ich mich mit kleinen Schritten im Dienste der Zärtlichkeit und vollbrachte jeden Tag eine gute Tat. Schon bald hatte ich mir den Ruf eines Menschenfreundes erworben und genoß besonders in Außenseiterkreisen hohes Ansehen. Bei diversen Festivitäten und Exkursionen hatte sich im Laufe der Zeit ein Grüppchen junger Menschen um mich geschart, das meine innere Größe bereits erkannt hatte. Wir trafen uns in meiner »Studentenbude«, die der Diether für mich angemietet hatte, damit meine wahre Identität nicht vor der Zeit offenbar würde.
Die Menschen die mir nachfolgten, kamen aus fernen Teilen der Welt und hatten aufgrund schicksalshafter Ereignisse den Weg in die Römerstadt gefunden. Da waren der edle Roland GaRoss aus Luxembourg, der lebenshungrige Pierre Kertzmann aus Elsaß-Lothringen, die rabiaten Schmitt-Zwillinge aus Saarbrücken, der forsche Hoppla B. Benito aus Südtirol und nicht zuletzt der

begabte Mihaly Szabo aus Ungarn. Oft saßen wir abends beieinander und träumten von einer heilen, schönen Welt. Zusammen musizierten wir oft an den Ufern von Mosel, Saar und Ruwer und begaben uns auf Schusters Rappen durch die Wälder von Eifel und Hunsrück. Wir benötigten hierfür gutes Schuh- und Strumpfwerk, und so spendierte ich in einem Fachgeschäft eine Familienpackung orthopädischer Strümpfe für alle. Von diesem Tag an nannte man das Quintett denn auch die »Fünf Orthopädischen Strümpfe« oder abgekürzt »Die Orthopädischen Strümpfe« oder noch kürzer einfach nur »Die Strümpfe«.
Da es sich bei meinen neuen Gefährten bis auf Mihaly um weitgehend ungebildete Gesellen handelte, denen eine akademische Ausbildung nicht vergönnt gewesen war, nahm ich sie zum Mittagstisch mit in die Mensa, wo ich mit ihnen das Brot brach. Auch auf sie wirkte das chaotisch anmutende Treiben der Studentenschar sehr befremdlich. Wie ich waren sie der Meinung, daß eine gesellschaftliche Umwälzung kurz bevorstand und es an mir war, diese anzuführen.
Auf einer der sogenannten »Großen Unifeten« (das sind Feste) war es dann schließlich soweit. Die Strümpfe und ich hatten uns dort verabredet, um die Situation zu beobachten. Auf der Bühne spielte eine von diesen neumodischen, unmelodischen Musikformationen auf. Für uns war das nur sehr schwer zu ertragen. Mihaly hatte sich etwas Watte in seine Ohren gesteckt, Roland konnte sich durch die Anwendung einer fernöstlichen Meditationsstrategie ablenken, und Pierre versuchte, den grauenhaften Klängen durch den Genuß von schlechtem

französischem Rotwein[9] zu entkommen. Noch heute bewundere ich die Tapferkeit, mit der sich die Gesellen mit mir in die Höhle des Löwen gewagt haben.
Etwa eine halbe Stunde lang hatten wir das Treiben beobachtet, bis die selbsternannten Musiker sich erbarmten und freiwillig die Bühne verließen. Geschwind und ohne daß jemand auch nur auf die Idee hätte kommen können, sie daran zu hindern, nutzten meine Gefährten die Gunst der Stunde, bestiegen die Bühne und bemächtigten sich der noch dort verbliebenen Instrumente. Nach wenigen Minuten gab mir Mihaly durch ein Handzeichen zu verstehen, das es nun losgehen könne. So stieg auch ich auf die Bühne, und die Menschen staunten nicht schlecht. Einen wie mich hatten sie wohl noch nicht gesehen, und schon gar nicht auf einer Bühne. Mit ungläubigen Augen und offenen Mündern harrten sie der Dinge, die da wohl kommen mochten. Ich entschloß mich, meine Botschaft in einfache Worte zu fassen, bot einige grundsätzliche Betrachtungen aus der Welt des Schlagers feil und begann mit dem Wort »Ineinemunbekanntenlandvorgarnichtallzulangerzeit«. Ich eröffnete den Menschen neue Horizonte und ferne Welten: Schlumpfhausen, Mendocino, Amarillo. Noch immer standen sie reglos auf ihren Plätzen. Nur einige wenige schienen angetan und warfen uns edle Gaben wie Hühnereier und Tomaten zur Bühne herüber. Das ermutigte uns weiterzumachen. Ich erzählte ihnen von meiner Nachbarin Alice[10], lustigen Erlebnissen in einem

[9] *Vergoss'nen Wein, den trinkt keiner mehr, ein verlor'nes Herz bleibt für immer leer.*

[10] *Einige englischsprachige Studenten erkundigten sich sogar lautstark, wer diese Alice sei.*

orientalischen Café sowie von einer Biene aus dem Reich der Maya und Imker.
Die ersten Buhrufe wurden laut.
Ich drehte mich zu den Strümpfen und sagte leise: »Wir dürfen nicht verzagen, denn diese Menschen, sie wissen nicht, was sie tun. Wir müssen an ihr Gefühl appellieren, an ihre Tränen, denn Tränen lügen nicht.« Dann wandte ich mich wieder dem Publikum zu, reichte den Menschen die Hand und rief in das Mikrophon: » Sag doch selbst, was wirst du anfangen mit deiner Freiheit, die dir jetzt so kostbar erscheint? Wie früher mit Freunden durch Bars und Kneipen ziehen? He? Und wenn du das dann satt hast, glaubst du, das Glück liegt auf der Straße, und du brauchst es nur aufzuheben, wenn dir danach zumute ist? Nein, nein, mein Freund!«
Einige Sekunden lang herrschte Stille. Die Menschen hielten inne, meine Worte schienen sie direkt ins Herz getroffen zu haben. Mit kleinen Schritten näherten sie sich ungläubig der Bühne und schauten mich mit großen Augen an. Mihaly untermalte diese Szene mit gregorianischen Orgelklängen.
Der Hausmeister schaltete das Putzlicht aus, aus dem großen Fenster sah man jetzt die große Stadt, sie lockte mit Licht und Glanz, mit schönen Frau'n, mit Musik und Tanz. Doch die Menschen kehrten der Stadt den Rücken zu, sie hatten sich vor mir versammelt. Jetzt erfüllte sich die Prophezeiung meiner Mutter, jetzt sollte ich Menschen pflücken. Fragend schauten sie zu mir herauf. Ich gab mir einen Ruck und setzte alles auf eine Karte: »Kehrt endlich um, Tränen lügen nicht!«
Und jetzt passierte es. Das Eis war gebrochen. Und viel

mehr als das: Der Schlager hatte die Menschen ergriffen. Sie tanzten und lachten und jubelten mir zu. Jetzt ging die Party richtig los. Der Kreuzzug der Zärtlichkeit hatte begonnen.[11]

Foto: Otmar Britz

Schnell hatte sich in Trier herumgesprochen, daß sich etwas Neues, etwas Unglaubliches zugetragen hatte. Der Schlager war fortan in aller Munde und ich ein bekannter Mann. Immer wenn ich über den Campus spazierte, wurde ich von vielen Menschen begleitet, die Fragen an mich stellten oder meinen Geschichten aus der Schlagerwelt lauschten. Ich erzählte ihnen von den großen

[11] *Karl Marx, ein anderer großer Sohn der Stadt Trier, hatte dieses Phänomen bereits vorausgesagt: »Ein Gespenst geht um in Europa ...«*

Ahnen des Schlagers, von Peter dem Großen Alexander, dem göttlichen Karel und vor allem vom königlichen Roy Black.

Roy Black, der König des Schlagers, galt damals als die Speerspitze der Bewegung, und sein Lied »Schön ist es, auf der Welt zu sein« war die Erkennungsmelodie unter uns bekennenden Schlagerleuten. Wir zogen mit diesem Lied hinaus in die Welt, wanderten vergnügt entlang der Berge und Seen, und immer mehr Menschen folgten dem Ruf des Schlagers. Wir waren glücklich und vergnügt und sagten dem Himmel laut »**danke**«. Und doch hatte der Himmel eine schwere Prüfung für uns vorgesehen.

Es begann wie ein ganz normaler Tag. Die Birkenhaine erstrahlten im Licht der Morgensonne, die Bäche plätscherten, ein sanfter Wind streichelte die Berge. Und doch war es nicht wie sonst. Alle Vögel waren schon da, früher als sonst, alle Vögel alle. Doch ihr Gesang hatte die sonst so erfrischende Fröhlichkeit verloren, aus ihren Kehlen vernahmen wir den schwachen, aber unüberhörbaren Beiklang von Moll und Blues.

Wir erblickten ein junges Reh, das wie ein Männlein ganz still und stumm auf einer Waldeslichtung stand. Als wir uns ihm näherten, sahen wir, daß seine großen treuen Augen weinten und von tiefer Trauer zeugten. Die Maiglöckchen hielten ihre Köpfe gesenkt, und die Brombeeren am Wegesrand schmeckten bitter. An den Buschwindröschen tröpfelten dicke Tauperlen wie Tränen einer gramgebeugten alten Mutter.

Was war geschehen? Die Menschenschar, die mich begleitete, schaute mich fragend an. Ihnen blieben die

Tränen der Natur nicht verborgen, aber auch ich hatte keine Antwort parat. Wir ließen uns auf einer großen grünen, saftigen Wiese nieder und schwiegen, warteten auf ein Zeichen. Nach langen Stunden, es muß so um die Mittagsstunde gewesen sein, hörten wir ein Rascheln im Wald, das unsere Andacht störte. Es war ein Wandergeselle mit Stock und Hut, der mit flinken Schritten auf unsere Runde zueilte.

»Ich bringe traurige Kunde«, sagte er und stellte sich auf einen großen Stein. Die Menschen auf der Wiese rückten eng zusammen und hielten sich bei den Händen. Ich aber richtete mich auf, um die Nachricht aufrecht entgegenzunehmen. Der Wanderer nahm dem Hut von seinem Haupte, preßte ihn vor seine Brust und sagte laut und vernehmlich: »Er ist tot.«

Obwohl es so unfaßbar schien, wußte jeder sofort, wer gemeint war: ein schwarzer Tag für Roy Black.

Die Menschenschar rang um Fassung. Die Erde schien stillzustehen. Ich hatte keine Tränen mehr. Meine Schultern wogen schwer wie Blei; doch mir war bewußt, daß ich jetzt sehr stark sein mußte. Der Schlager und seine Menschenfreunde brauchten mich jetzt noch mehr.

Ebenso plötzlich, wie er gekommen war, verschwand der Wandersmann im Grün des Waldes. Eine junge Frau rief ihm nach: »Geh nicht vorbei, als sei nichts geschehn! Was soll nun passieren?«

Der Wandersmann konnte sie nicht mehr hören. Ein alter Mann erhob sich und stellte sich neben mich. Mit lauten Worten rief er, den Kopf dem Himmel zugewandt: »Der König ist tot, lang lebe der Meister!«

Die Menschen sprangen auf und eilten zu mir. »Meister! Meister«, riefen sie und: »Laß uns jetzt nicht alleine.« Ich breitete die Arme aus und ließ die Menschen zu mir kommen. Ich wußte, Roy hätte es so gewollt, Mama auch und der Diether sowieso.
Die Menschen küßten mir die Hände, immer wieder riefen sie »Meister«. In diesen Sekunden lief mein ganzes junges Leben noch einmal vor meinem geistigen Auge ab. Die Prophezeiung Uwe Seelers, die Nußecken meiner Mutter, die weisen Worte und der Duft des Caro-Kaffees von der Diether und die Treue des Geknatschten. Das alles fügte sich jetzt zusammen. Der Kreuzzug der Zärtlichkeit war in seine entscheidende Phase getreten.
Die nächsten Wochen waren die schwersten meines Lebens. Roy Black war tot, aber der Schlager durfte nicht sterben. Ich durfte jetzt keine Fehler machen. Gut, daß ich der Diether hatte. Für ihn war ich der neue Stern am Schlagerhimmel, und er arbeitete hart daran, daß dieser Stern leuchten konnte, weit über die Grenzen der Moselhauptstadt hinaus.
Zunächst einmal ging es jedoch darum, das Andenken an Roy Black wachzuhalten. Zu diesem Zwecke bereiteten wir in den Gemäuern einer alten Tuchfabrik ein Sechswochenamt für den verstorbenen Schlagerkönig vor. Mir fiel die Aufgabe zu, diese Feier zu zelebrieren. Eine diffizile Aufgabe. Schließlich herrschte große Trauer unter der noch jungen Schlagergemeinde. Andererseits ging es auch darum, einen Menschen zu ehren, der es sich auf die Fahne geschrieben hatte, den Menschen Fröhlichkeit und Lebensfreude zu bringen. Ach, wie nah liegen Freud' und Leid doch manchmal beieinan-

der. Beiden Gefühlen mußte ich Ausdruck verleihen, und mir wurde angst und bang ob dieser Last.
Als der Tag des Sechswochenamts gekommen war, zeigte sich, wie groß die Schlagergemeinde in Trier bereits gewachsen war. Die Menschen drängelten sich in die alte Fabrikhalle. Die Strümpfe und ich hatten ein musikalisches Programm zusammengestellt, das dem Leben und Wirken von Roy Blacks gerecht werden sollte. Mir wurde ganz schwindelig. Ich, der Junge vom Dorf, sollte jetzt in die Fußstapfen dieses großen Mannes treten! Das konnte doch nicht gutgehen. Mir war speiübel. Ich zog mich in einen Seitenraum zurück, schloß hinter mir ab und überlegte mir, was meine Lieblingskuh wohl dazu gesagt hätte. Ich schloß die Augen zu und vergrub das Gesicht in den Händen. Und dann passierte es. Mein linker Arm fing an zu zittern, als würde er von einer warmen Kraft berührt. Die Wärme durchströmte meinen ganzen Körper und traf schließlich in mein Herz.
Über diese Begegnung der dritten Art ist später viel geschrieben worden, dabei ging eigentlich alles ganz schnell. Ich hatte auch keine Zeit, mich noch groß zu wundern – schließlich wartete die Trauergemeinde auf mein Erscheinen. Jedenfalls war mir klar, daß der Geist von Roy Black in meinen Körper eingedrungen war. Mit einem Mal fühlte ich mich stark genug, sein Erbe anzutreten und mich nun ganz dem Kreuzzug der Zärtlichkeit zu verschreiben. Auch der Diether, der der Trauerfeier beiwohnte, hatte erkannt, daß ich nun die Kraft hatte, einen weiteren Schritt in die große weite Welt zu unternehmen. Ich beendete also flugs mein Studium und bereitete mich auf ein neues, größeres Wirkungs-

feld vor. Wie ich bald von der Diether erfahren sollte, handelte es sich dabei um die Domstadt Köln, die auf dem Schiffsweg über Mosel und Rhein innerhalb eines Tages erreicht werden konnte.
Köln ist eine große Stadt (die noch mehr Häuser hat als Trier). Hier lebten viele Menschen, die nach Liebe und Zärtlichkeit dürsteten. Außerdem gab es hier eine vakante Predigerstelle in einer Begegnungsstätte namens »Luxor«. Man bot mir an, dort eine Gemeinde zu gründen und jeden Sonntag eine Abendfeier zu zelebrieren. Bereits nach wenigen Wochen war der Andrang so groß, daß sich auf der Straße vor dem Luxor jeden Sonntag eine lange Menschenschlange bildete. Gerne denke ich zurück an diese Basisgemeinde, mit der die Strümpfe und ich zwei Jahre lang jeden Sonntag im Dienst des deutschen Schlagers feierten und musizierten. Von hier aus startete der Kreuzzug der Zärtlichkeit in alle Welt. Viele Städte, die in der Schlagerdiaspora lebten, konnten wir schon mit unserer Mission erreichen. Im Frankfurter Sinnkasten gründeten wir eine zweite Gemeinde. Gerne kehren wir auch immer wieder in München ein, wo wir mit Petra Perle und Rex Kildo (»Der wahre Grand Prix«, wo ich mehrmals mit den Ahnen des deutschen Schlagers in der Jury sitzen durfte) wertvolle Mitstreiter im Dienst der guten Sache fanden. Weitere Hochburgen sind die Kieler »Traumfabrik« und »Jovel« in Münster. Überall in Deutschland erblüht der Schlager, mal noch als kleines Mauerblümlichen, mal als stolze Rose. Bis zu hundert Auftritte absolvieren die Strümpfe und ich mittlerweile pro Jahr. Überall treffen wir auf Menschen, deren Tränen nicht mehr lügen können.

Ein vorläufiger Höhepunkt des Kreuzzuges war sicherlich das größte Schlagerfestival der Welt, das den merkwürdigen Namen »Rock am Ring« trägt. 60 000 Menschen sangen hier »Ich find' Schlager toll«. Ein Meilenstein der Zärtlichkeit!

Ich mag Steffi Graf

Beinahe täglich erreichen mich Fragen wie diese:

»Herr Horn, wie war das eigentlich damals, diese Liebelei mit Steffi G., der tollkühnen Tennisballerina, der sie gar ein Lied gewidmet haben? Haben Sie die Steffi denn jemals getroffen? Und was ist aus dieser Beziehung letztendlich geworden?« (Martin P. aus K.)

Junger Freund, das sind natürlich viele Fragen auf einmal, die ich Ihnen jedoch gerne beantworten möchte. Nun, wie war das noch, damals in den Wirren des Jahres 1994, dem Jahr des Schweins?

Es war einmal an einem sonnigen Mittwochmorgen im Märzen. Der Bauer hatte in der Früh bereits die Rößlein angespannt und seine Felder und Wiesen instandgesetzt, als ich aus den lieblichsten Träumen erwachte. Meine Äuglein öffneten sich. Die rechte Hand schnellte kundig unters Kopfkissen, wo ich immer meine Guten-Morgen-Nußecke versteckt halte.

Im Badezimmerspiegel erkannte ich meinen stattlich erschlafften Körper mit den obligatorischen Rettungsringen wieder, auf denen in Großbuchstaben »M S.

Horn« geschrieben steht. Rettungsringe, die weit über das hinausreichen, was uns gewöhnliche Rettungsringe sagen können.

Vielleicht war es jetzt wirklich an der Zeit, etwas für den einstmals so geschmeidigen Leib Horns zu tun. Kurzum, der Plan wurde gefaßt und auch sofort in die Tat umgesetzt. Ich beschloß, auf zweitem Bildungswege eine Tenniskarriere zu starten. Der weiße Sport hatte mich schon immer begeistert, vor allem die Gaumenfreuden in den Spielpausen: eine Afri-Coca hier, die obligatorische Chiquita-Banane da, die nach festen Zubiß wieder mit der Eigenhaut verschlossen werden kann, und zu guter Letzt natürlich die mannigfaltigen Balaststoffe, Mineralien und Jod-S11-Körnchen.

Solch ein Königssport will natürlich von der Pike auf erlernt sein, sagte ich mir. Wer konnte besser als ich wissen, daß noch kein Meister vom Himmel gefallen ist. Und so besorgte ich mir meinen ersten eigenen Tenniscourt (ein Softballset mit dem dazugehörigen hartbespannten Ganzholzschläger). Es folgten Tage des konzentrierten Arbeitens an der Ballmaschine, Doppellutz, Doppelflip, Rittberger und Tulup.

Zwischendurch gönnte ich mir selbstverständlich etwas Erholung. Merke: Ruhephasen zwischen den Übungseinheiten sind wirklich sehr wichtig! Gerade hatte ich meine Chiquita wieder verschlossen und wagte einen flüchtigen Blick ins bereitgestellte TV, da sah ich sie zum ersten Male.

Gleich einem zierenden Sahnehäubchen überragte sie die Creme de la Creme der in Paris versammelten Damentenniszunft.

Leichten Schrittes, in einem Kleid aus Schnee, lief der blonde Engel geradewegs longline. Das schönste Longline, das man sich vorzustellen vermag. Ihre Fußfesseln glichen denen eines heranwachsenden Rehleins, und ihre Läufe steckten in dreigestreiften Strümpfen. Gerne hätte ich diesem Wesen noch länger zugeschaut, doch die Pflicht rief mich zurück zum »Hinterhof des Henkers« am Rande der Kölner Südstadt, wo ich mich zu diesem Zeitpunkt auf das »Duell der Ehre« vorbereitete. Der Südtiroler Bassist und Orthopädische Strumpf Hoppla B. Benito nämlich, ein nicht unbedingt talentierter **(danke!)**, aber darum um so agilerer Verfechter des gemeinen Grundlinienspiels, hatte sich erdreistet, mich, den unangefochtenen Herrscher des Couchtennis, vom Throne stoßen zu wollen. Lächerlich!
Zunächst einmal verbrachte ich neben meiner noch jungen Tenniskarriere weiterhin viele schöne Stunden im Kreise meiner Basisgemeinde im Kölner Luxor. Jeden Sonntag sang und predigte ich, heilte und beantwortete den Brüdern und Schwestern Orthopäden viele Fragen. Doch das Mädchen mit dem Schneekleid wollte nicht aus meinen Gedanken weichen, ich träumte Tag und Nacht von ihr. Schmachtend stellte ich mir vor, ich sei der zweite Filzball, den sie als Reserve immer bei sich zu tragen pflegt. So nah bei ihr zu sein, das war zugleich Wunsch und Ansporn, der mir Kraft verlieh.
Wenn einem Menschen die Seele überquillt, so ist es das beste, sich seinem Nächsten anzuvertrauen und nicht alles in sich hineinzufressen. Mein Ausdrucksmittel war schon immer der Gesang, und meine Sprache die Schlagermusik. Sie hat es mir stets möglich gemacht, meine

Gefühle und Bedürfnisse auszusprechen. Am Sonntag trat ich also vor meine Schlagergemeinde und sang mir die Seele frei. Ich erzählte den Buben und Mädchen von meiner Liebe zu diesem himmlichsten aller Tennisgeschöpfe. »Ich mag Steffi, ich mag Steffi, Tennis vom anderen Stern.« Und die Schlagerschar fühlte mit mir.
Tags drauf überraschte mich mein Manager der Diether mit der Kunde, daß ich zu einem Treffen mit einem Schallplattenboß geladen sei. Ich wußte zwar nicht, was das zu bedeuten hatte, hoffte aber, in diesem Boß einen weiteren Mitstreiter auf meinem Kreuzzug der Zärtlichkeit finden zu können.
Bei unserem Zusammentreffen war ich sehr beeindruckt. Der Diether stellte mir den Boß vor als Helmut Fest, Chef der Firma Emi-Electrola und Liebhaber des Motorradsports. Darauf wäre ich auch von alleine gekommen, denn ich sah ja sein Motorrad, eine sogenannte Harley Davidson, direkt neben seinem Schreibtisch geparkt. Das ganze Büro hing voll von glitzernden Schallplatten, und ich fragte ihn, ob er sich die denn wirklich alle selbst angehört hatte. Herr Fest lächelte kurz und kam dann gleich zur Sache:
»Du magst Steffi? Ich kann dir helfen.«
Ich war begeistert. »**Danke!** Kennst du sie denn?«
»Nein! Doch du wirst sie kennenlernen.«
Ich fragte, was ich denn dafür tun müsse, und da unterbreitete Herr Fest mir seine sensationelle Idee. »Du singst dein Lied, und wir machen eine CD daraus.«
Zuerst verstand ich nicht den tieferen Sinn dieser Maßnahme, doch Herr Fest erläuterte mir, daß es durchaus üblich sei, mit der Veröffentlichung einer CD nicht nur

karitative Zwecke im Dienste der Menschheit, sondern in Einzelfällen auch persönliche lautere Ziele zu verfolgen. Der Diether nickte zustimmend und schickte mich schon mal hinaus, während er unter vier Männeraugen die pekuniären Angelegenheiten besprechen wollte. Geld ist für mich nicht wichtig. So habe ich es bis zum heutigen Tage auch nie verstanden, inwieweit mein Tun mit finanziellen Dingen überhaupt in Verbindung gebracht werden muß.[12]

Mir ging es doch nur darum, *sie* endlich zu treffen – ein Unterfangen, das mittlerweile die ganze Nation zu beschäftigen schien. Ich war außer mir, näßte Abends ein und verpaßte sogar ein Treffen unserer Adipositasgruppe.

Dann überschlugen sich die Ereignisse. Steffi, so hieß es, halte sich gegenwärtig in England auf, wo sie in einem Londoner Vorstadt-Tennisturnier gemeldet sei. Es mußte alles ganz schnell gehen. Und flugs wurde ein Plan geschmiedet.

Man lud mich in ein schickes Tonstudio ein, wo ich das Lied noch einmal singen mußte, damit man es auf Platte pressen konnte. In Erwartung der bevorstehenden Zusammenkunft klang es so zärtlich aus mir heraus, als stehe Steffi bereits neben mir. Meiner Stimme wuchsen Flügel und mir eine Hornhaut.

Und schon stand meine Abreise gen Wimbledon, zur »Mutter aller Tennisschlachten«, unmittelbar bevor. Schnell packte mir Mutti das Köfferlein: solides Salamander-Schuhwerk, meine Clogs, selbstgestrickte Knie-

[12] *Offensichtlich dachte Steffi genauso.*

strümpfe und Unterhosen der Firma Schiesser, fein gerippt mit seitlichem Eingriff und eingenähten Initialen. Dazu meinen Klick-Klack, einen Brustbeutel und den Geknatschten. Ein Rundfunkgerät durfte ich leider nicht mitnehmen.
Dann brachen wir auf: das Horn und sein von nun an getreuer Begleiter Sancho Fingst. Dieser war ein verdienter Mitarbeiter von Herrn Fest und wurde mir als dienstbarer Geist und Mann für alle Fälle zur Seite gestellt.
Die Überfahrt sollte sich als gefährliches Unterfangen erweisen. Wir wählten den Schiffsweg. Gleich nachdem wir Calais (eine Stadt in Frankreich) verlassen hatten, brachen und rissen Bram- und Besansegel. Tagelang trieben wir hilflos auf hoher See. Schnell waren auch unsere letzten Vorräte – Schiffszwieback, Kautabak und Dörrfleisch – aufgezehrt. In den Kesseln faulte das Wasser, und täglich ging einer über Bord. Zu guter Letzt zeigte der arme Geknatschten gar erste Anzeichen von Skorbut. Die Pupillen seiner Augen verwandelten sich zu konzentrischen Kreisen, und er verlor seinen letzten Affenzahn. Die Mannschaft blickte finster drein, und ich befürchtete den Ausbruch einer Meuterei, zumal ich den Smutje und den zweiten Maat mit einem geöffneten Bounty erwischt hatte, als ich mich des nachts auf Deck aufgehalten hatte (es waren vielleicht zwei Glasen).
Der Schreck steckte mir noch tief in den Knochen, als ich am folgenden Tag beschloß, die Angelegenheit nun selbst in die Hand zu nehmen. Es kann nur einen geben! Hierbei kamen mir die Fertigkeiten zugute, die ich mir als Praktikant auf einer renommierten Trierer Schiffs-

werft erworben hatte.[13] Ich wies Sancho Fingst an, mich bäuchlings an der Spitze des Schoners zu befestigen, so daß ich als Galionsfigur das in Seenot geratene Schiff sicher in den Hafen von Bristol lotsen konnte. Fortan nannte man mich die »Galionsfigur des deutschen Schlagers«.

Wir hatten keine Zeit zu verlieren. Das erste Match der Tennisgräfin war bereits anberaumt, und der von hohen Felsen zerklüftete Weg zum heiligen Rasen lag noch in weiter Ferne. Wir übernachteten in einer nahegelegenen Krippe. Müde von der beschwerlichen Lotsentätigkeit, fiel ich sogleich in einen tiefen Schlaf. Mein Herz war voller Vorfreude. Mitten in der Nacht ließ mich ein sonderbares Geräusch plötzlich aufschrecken. Ich konnte meine Äuglein kaum aufmachen, so hell und gleißend war das Licht, in das ich blicken mußte. Es handelte sich um meine erste Marienerscheinung.

»Fürchte dich nicht,« sprach die Maria, beugte sich zu mir nieder und begrub mein Samtköpfchen in ihren gütigen Händen. »Du hast jetzt bereits viele Entbehrungen auf dich genommen, nur um der Liebe willen. Deine Mutter, die Lotti, schickt mich, um dir Gaben der Stärkung zu reichen. Nun nimm, und sorge dich nicht, denn hier bringe ich dir ein frisches Paar Strümpfe und lange Unterhosen. Mutter sorgt sich so sehr, mußt du wissen. Hier regnet es ja immer, und abends ist es bitterkalt. Und mein Junge, nimm auch diese Nußecken. Sie geben dir Kraft und mögen helfen, dein Ziel sicher und wohlbehalten zu erreichen.«

[13] *Dreimonatiges Praktikum als Galionsfigur.*

Sprach's und verschwand.
Am nächsten Morgen fragte ich mich, ob dies nur ein Traum gewesen war, jedoch die getrockneten Reste von Aprikosenmarmelade in meinen Mundwinkeln gaben Zeugnis ab: Ich hatte mich nicht getäuscht.
Auch Sancho Fingst und der Geknatschten waren plötzlich hellwach. Jetzt mußten wir zusammenhalten. Drei Freunde, das sind wir. Guildo, Sancho Fingst und der Geknatschten, der Schimpanse. Einer für alle, alle für einen. Wir warfen die Haselnußtafeln in die Luft und spießten sie mit unseren Degen auf.
»Wohlan denn, wack'rer Fingst! Sattele mir meinen Geknatschten! Auf geht's nach Wimbledon. Die Steffi wartet im Park.«
In Wimbledon angekommen, betrat ich flugs die Tennisarena, das Ziel zum Greifen nah. Mittlerweile hatte sich ein dichter Pulk von Presseleuten an unsere Fersen geheftet. Alles wollten sie wissen. Die Kunde über die Rettung des Fährschiffes war uns offenbar bereits vorausgeeilt. Ich schwieg dazu wie ein offenes Grab. Ohnehin hätte ich nichts sagen können, weil mir das Herz in freudiger Erwartung meiner bevorstehenden Begegnung bis zum Halse pochte.
Dritte Reihe, Platz 14. Von hier aus also sollte ich der Erstrundenbegegnung beiwohnen. Den Geknatschten hatte ich leider am Eingang abgeben müssen, weil Steifftierschimpansen ohne Ohren aus verständlichen Gründen der Zutritt zum Center Court verwährt ist. (Der Geknatschte spielte solange Bridge mit ein zwei älteren Damen von der BBC.)
Zu meiner Linken saß die Herzogin von Kent, die mir

kurz zuvor schon für meine Rettungstaten das goldene Vließ von Westminster überreicht hatte. Als kleines Dankeschön erhielt sie von mir einen Beutel Nußecken zum Tee. Im übrigen eine sehr nette Frau, die Herzogin. Doch ich vergaß sie sofort, als Steffi den Platz betrat. Die Tennisgräfin verbeugte sich ehrerbietend vor der Herzogin, der ein Krümel vorverdauten Mürbeteigs auf dem Revers klebte. Dann postierte sie sich vis-à-vis ihrer Gegnerin, um die Nationalhymne zu empfangen Als diese dann erklang, dachte ich nur: »Steffi, sie spielen unser Lied.«

Und schon ging's los. Wir hatten Anstoß. Steffi verfing sich jedoch gleich zu Beginn in zuviel Kleinklein am Mittelkreis, so daß sie schon nach weniger als 30 Minuten den ersten Satz abgeben mußte. Und dann diese Massagen. Offenbar schien sie Probleme mit ihrer Parcellasehne zu haben. Immer wieder mußte eine Logopädin auf den Platz kommen, die versuchte, ihr Körperleiden mit biblischer Zungensprache zu lindern. Doch alle Bemühungen waren vergebens. Das Unmögliche geschah. Steffi G., die bis dato erfolgreichste Tennisspielerin der Weltgeschichte, schied gleich in der ersten Runde aus.

Ein panischer Schreck durchfuhr mich. Sollte etwa ich schuld daran sein?[14] Hilflos rannte ich umher. Stieß in meiner Aufregung mit dem schwarzen Tennismaskott-

[14] *Auch später sollten meine Begegnungen mit dem Spitzensport schicksalhaft bleiben. Als mir der 1. FC Köln die Ehrenmitgliedschaft überreichte, verloren die Geißböcke in einem skandalträchtigen Spiel 1:0 gegen den FC Sankt Pauli. Dies ist auch der Grund, warum ich Bertis Einladung, beim nächsten Weltmeisterschaftsfinale dabeizusein, abgelehnt habe.*

chen Roberto Blanco zusammen, der mir noch hinterherrief:
«Hey Guildo, nimm's nicht so tragisch, ein bißchen Spaß muß sein. Übrigens schöne Grüße an den Geknatschten.«
Mir jedenfalls war der Spaß vergangen. Verzweifelt versuchte ich mir einen Weg zu bahnen, vorbei am Sicherheitspersonal, um der Steffi in der bitteren Stunde ihrer wohl größten Niederlage beizustehen. Jetzt braucht sie mich am meisten! Vergebens. Man ließ mich nicht gewähren.
Einsam läuft ein Horn durch die große fremde Stadt.
»Have you seen the old man, who walks the streets of London.«

PS: Viele Schlagerkollegen haben mir später erzählt, daß Steffis frühes Ausscheiden einen Hit meiner Single »Ich mag Steffi« verhindert hätte. Nur Helmut Fest und ich wissen, daß dies nicht das Ziel unseres Unterfangens war. Ich habe gelernt, daß mein nächstes Zusammentreffen mit Steffi nicht in der Nähe eines Tennisplatzes stattfinden sollte.

Der Diether

Hinter einem großen Mann steht immer eine starke Frau. Doch wer steht hinter einem Star? Seine Mutter, gewiß, aber das Busineß ist hart und deshalb Männersache. Ein Star braucht einen Manager, der ihm väterlicher Freund und freundliche Vatergestalt zugleich ist. Jemand, der stets weiß, in welcher Stadt man sich gerade befindet, jemand, der die normalen Menschen fernhält, wenn sie lästig sind, und sie einem zuführt, wenn man sich an ihnen laben möchte. Ein solcher Mann ist er, der von seinen Freunden nur »der Diether« genannt wird. Ein Strippenzieher, mit allen Wassern gewaschen und nie aus der Ruhe zu bringen. Er weiß, wie man in ein Hotel eincheckt, und begleicht diskret verfängliche Pay-TV-Rechnungen. Er erinnert mich an wichtige Geburtstage, trägt meine Koffer und hört mir zu, wenn ich Sorgen habe. Er kümmert sich auch um die Geldangelegenheiten, damit mein Kopf frei von niederen Gedanken bleibt. Der Diether steht stets im Hintergrund und ist für viele Menschen deswegen eine geheimnisvolle Gestalt. Das Reden vor der Öffentlichkeit überläßt er normalerweise mir, das gehört zu seinem Job. **Danke!** dafür. In diesem Buch wird Diether für meine Fans erstmals sein Schweigen brechen. Er erzählt, wie es wirklich war. So ist er eben, der Diether:

Ich bin der Diether. Seit vierzig Jahren bin ich im Showbusineß. Und ich war es schon immer. Nicht nur immer im Busineß, sondern auch schon immer seit vierzig Jahren. Ich kann also von mir behaupten: Das Showbusineß, das bin ich, und ich, ich bin das Showbusineß. Große Worte, gewiß, aber was gibt es Größeres, als beide Seite derselben Medaille zu verkörpern: den Kopf und die Zahl.

Der Vergleich mit einer Medaille mag für Sie, den normalen Menschen, als Sinnbild für mein Wirken dienen. Ich, der Taler, die Münze, der Euro. Ich, hart, aber gerecht, klingend und klirrend zugleich, heißbegehrt und so tief verachtet. Eine Gestalt aus Licht und Schatten. Von diesem Zwiespalt bleiben Sie, lieber normale Mensch, in Ihrem normalen Leben verschont. Aber, und wir kommen jetzt zur Frage aller Fragen, ja, der Anita-Frage sozusagen, und ich möchte Ihnen sehr wohl auf das antworten, was Sie mich jetzt alle so gerne fragen möchten.

Die Antwort ist: nein! Nein, ich möchte nicht mit Ihnen tauschen.

Seit vierzig Jahren im Geschäft (so nennt unsereins liebevoll das »Biz«), das sind vierzig Jahre im Dienst des Menschen. Es ist aber auch die Partnerschaft mit vielen wertvollen und liebenswerten Künstlern, von denen ich heute viele meine Freunde nennen darf. Ja, lieber normaler Mensch, auch Sie mögen Freunde haben, aber was ich meine, ist die Freundschaft zu einem Star.

»Wie wird man zum Star?« werde ich oft gefragt, und meine Antwort ist immer dieselbe: Man wird zum Star geboren, und man wird zum Star gemacht. Ich möchte Ihnen das an einem

Beispiel aus meiner moselländischen Heimat in einfachen Worten und sehr verkürzt erklären.
Eine gute Traube aus einem guten Stock in guter Lage ist eine gute Traube quasi von Geburt an. Sie bekommt Kraft aus der Wärme des heimischen Schieferbodens und Licht durch die Sonnenlage, die man für sie ausgesucht hat. Doch eine gute Traube macht noch keinen guten Wein. Der Stock, an dem sie wächst, muß beschnitten, ja gestutzt werden, und gelesen (ja ausgelesen) wird sie erst, wenn die Zeit im wahrsten Sinne reif für sie ist. Am besten nach dem ersten Frost, wenn die anderen Trauben schon lange ihren Weg in dunkle, hoffnungslose Keller gegangen sind. Nur durch das routinierte Handwerk eines guten Kellermeisters, also durch wirkliches Können und tatkräftiges Tun, wird aus der guten Traube dann ein edler Wein. Und manchmal wird ein wahres Goldtröpfchen aus ihr. Sie sehen: Nur ein steiniger Weg führt nach oben. Im Wein liegt die Wahrheit, die auch die Wahrheit einer großen Karriere ist. Man lerne: Die Voraussetzungen müssen stimmen, aber sie müssen auch in die richtigen Hände gelangen. Und diese Hände – das bin ich. Der Diether. Seit vierzig Jahren.
Künstler gibt es viele, ich möchte fast sagen – und man möge es mir verzeihen – zu viele. Meine Aufgabe – und sagen wir ruhig: mein Job – ist es, das Licht eines Stars leuchten zu sehen, wenn es für die Augen eines normalen Menschen noch unsichtbar ist, also quasi ultraviolett. Man möge den Vergleich nicht falsch verstehen, aber es ist wie ein Röntgenblick in das Herz eines Menschen. Diesen Blick haben nur wenige. Derrick hat ihn, Hans Bremer hätte ihn gern, der andere Dieter (Thomas Heck) hat ihn (sei gegrüßt, lieber Dieter), und auch ich kann sagen: Ja, wahrlich, ich habe ihn. Ich habe ihn seit vierzig Jahren. Ich habe in viele Herzen gesehen, und oft waren da nur Eiswürfel. Aber

selbst das Feuer, das in manchen Herzen zu brennen scheint, ist oft nur ein kleines Licht. Manchmal wird auch aus vielen kleinen Lichtern ein Star (der Gotthilf hat es uns gezeigt), und manchmal ist es wie eine kleine Taschenlampe, die man an einer Texaco-Tankstelle kauft und die brennt, bis die Batterie alle ist. Nein, ein richtiger Star hat ein Feuer in seinem Herzen, das so heiß brennt wie ein Vulkan. Ein Urgestein, lodernd wie die Sonne des Südens über dem kalten Wind der rauhen See. Ich traf ein solches Feuer, als ich schon nicht mehr daran glaubte. Ausgerechnet an der Mosel, dieser liebreizenden Landschaft, wo die jungen Mädchen aussehen wie ihr älterer Bruder und die Brüder gezeichnet sind von der rotbackigen Kraft des Weines und den Odem von Pferdeäpfeln an sich haben. Diese rauhe Gegend ist, wie wir im »Biz« sagen, ein hartes Pflaster. Viele haben sich in ihrem wirren Kopf am Pflasterstrand freiwillig der Mosel geopfert (und wurden in früheren Jahrhunderten als Heilige verehrt), andere wurden Schwerverbrecher oder Philosophen. Die Zustände waren, in den Worten des Alten Testaments, voller Not, und jeder dürstete nach Erlösung.

Er war sechzehn und ich einunddreißig (so steht es jedenfalls geschrieben). Ich schaute lange in seine Augen und in sein Herz.

Ich sagte nur: »Junge, ich bring' dich ganz groß raus.«

Und er sagte nur ein Wort: »Wiegroß?«

Wir hatten uns verstanden.

Ja, liebe normale Menschen, so war das damals mit Guildo Horn und mir. Zwei Männer, die wußten, daß die Zeit gekommen war. Nichts würde mehr so sein, wie es einmal gewesen war. Die Geschichte von Guildo Horn und den Orthopädischen Strümpfen ist bekannt. Noch in späteren Generationen werden die Großväter sie ihren Enkeln am Kamin erzählen, die

Geschichten von den fahrenden Musikanten und ihren Abenteuern in den Wäldern und in den Herzen der Menschen. Und trotzdem gibt es sie, die Sekunde, die eine Karriere bedeuten sollte, mit harter Arbeit und kargem Lohn. Aber diese Sekunde war mehr: der Blick in ein auserwähltes Herz, das bereit war für den Kreuzzug der Zärtlichkeit ... und für den Beginn einer wunderbaren Freundschaft.

Schön ist es, auf der Welt zu sein

Wunder gibt es immer wieder. Sie passieren mitten unter uns. Oft bin ich selber Ursache eines Wunders, manchmal aber habe ich auch das Glück, nur außenstehender Betrachter sein zu dürfen. So auch im folgenden Fall. Leset das Zeugnis eines Menschen, der zu sich selber fand, wie ich auch euch, liebe normale Menschen, ermutigen möchte, zu eurem Ich zu stehen. Leset und lernet alle aus dem, was euch unser Roadie zu sagen hat!

Ich wäre wohl so etwas wie ein Vorstadtrocker geworden, wenn es bei uns eine Vorstadt gegeben hätte. Gab es aber nicht, ich lebte auf dem Dorf. Und so zog es mich hinaus, auf die Landstraße, betäubt vom Geruch der Freiheit, der Abgase und der umliegenden Misthaufen.

Sie nannten mich den Wiesenwolf. Mit siebzehn hatte ich noch Träume und an meinem Fuchsschwanz den Zündschlüssel meiner ersten Kreidler Florett. Dreigang-Handschaltung und drei Dinge, für die es sich zu leben lohnte: Sex, Drugs & Rock 'n' Roll.

Mit achtzehn dann die Kawasaki Z 900 und eine nietenverzierte Klubjacke. Die Haare trug ich vorne kurz und hinten lang, und mit meinen Stiefeletten trieb ich meine Maschine wie

ein wildes Pferd durch die rauhen Landschaften der Eifel. Bei uns in der Gegend war ich so etwas wie eine große Nummer. Eine blöde Anmache konnte ich bereits durch das Liften meiner bartgeschmückten Oberlippe im Keim ersticken lassen. Rasch wurde ich zum Leader einer »Gang«, wie das damals hieß. Wir besuchten die Jugendzentren der Umgebung und mischten sie richtig auf. Damals dachte und hoffte ich, das könnte ewig so weitergehen. Im Laufe der Jahre stellte sich allerdings heraus, daß die ganzen schweren Jungs in unserer Gang richtige Weicheier waren. Fast alle vermotteten ihre Klubjacken, verkauften früher oder später ihre Motorräder, machten eine Ausbildung, und manche schlossen sogar einen Bausparvertrag ab. Ich aber suchte nach einem Weg, mir und der Straße treu zu bleiben.
Also heuerte ich bei diversen Rockbands in unserer Gegend als Roadie[15] an. Ich hatte zwar noch nie ein Instrument beherrscht, aber immerhin war ich Maffay-textfest und überzeugte durch mein Talent an der Luftgitarre.
Die Touren gingen immer weiter weg, und die PAs wurden immer größer, und irgendwann kannte jeder in der Szene mein Gesicht und meine Lederjacke: Man kam nicht mehr um mich herum. In mir wuchs die Erkenntnis, daß der Roadie-Job um einiges wichtiger ist als das, was die da oben auf der Bühne machen. Bands kommen und gehen, aber ein guter Roadie setzt sich durch. Wir Roadies sind das Rückgrat des Rock 'n' Roll.
Ich lebte für den Rock 'n' Roll, und er erhielt mich am Leben: Als Roadie bist du der erste am Catering und der letzte am Bierstand, und das alles für lau. Weil du zur Truppe ge-

[15] *von engl. »the road«: die Straße*

hörst, kannst du dir die Bräute abgreifen, die von den Band-Jungs stehengelassen worden sind. Irgendwann hast du in jedem Dorf eine Braut sitzen, die bereit ist, dir für einen Platz auf der Gästeliste alles zu geben. Das gute an diesen Bräuten ist, daß sie streßfrei sind, weil sie ja wissen, daß du als Rock 'n' Roller mehrere Bräute gleichzeitig laufen hast. Sie erwarten es sogar von dir. Diese Bräute stehen auf den Bierbauch, weil sie ja wissen, daß Bier ein Teil des Jobs ist. Ja, und der Job, das ist mein Leben, ihr wißt schon.

Die meisten Bräute aus dieser Zeit habe ich vergessen, zumindest ihr Gesicht, was ja eh nicht so wichtig ist. An eine von ihnen kann ich mich aber noch sehr genau erinnern. Als wir uns kennenlernten, hatte sie gerade einen wichtigen Teil ihrer Karriere abgeschlossen. Sie war die Vorjahres-Weinkönigin an der Obermosel und hatte just ihre Insignien an ihre Nachfolgerin abgeben müssen. Ich habe ja aus dem Rock 'n' Roller-Leben schon oft mitbekommen, wie es für einen Star ist, wenn er nicht mehr im Rampenlicht steht. Eine schwere Strafe, auf die die meisten, die es betrifft, nicht vorbereitet sind.

Gabi II. (so der Name der Braut) wußte zwar schon zu Beginn ihrer Amtszeit, daß diese nur ein Jahr dauern würde, hätte also eigentlich genügend Zeit gehabt, sich auf das Ende mental vorzubereiten. Trotzdem war sie richtig am Ende, als es zu Ende war. Einmal Weinkönigin zu sein ist wohl für die Mädels dasselbe, was es für uns Jungs bedeutet, einmal ein Rock 'n' Roll-Star zu sein. Also tröstete ich sie, und das bedurfte in diesem Falle mehr als nur der üblicherweise vorgesehenen einen Nacht. Ich quartierte mich also in ihrer Stube ein und führte einige Tage lang fast das, was man ein bürgerliches Leben nennen könnte. Gabi II. bekochte mich und holte so viele Biere aus dem Kühlschrank, wie zur Stärkung meiner tröstenden Aufgabe nötig waren. Mir war klar, daß Gabi[16] mich jetzt echt brauchte. Sie war völlig außer sich und weinte den ganzen lieben langen Tag. Aus Trotz war sie sogar von Wein auf Bier umgestiegen, so, als ob sie es der Weingemeinde damit zeigen wollte.

Eines Morgens, während Gaby[17] auf Arbeit war, entdeckte ich, daß sie ihre Weinköniginnentracht in den Mülleimer geschmissen hatte. So weit war es mit ihr also schon gekommen. Ich rettete das Kleid aus der Tonne, faltete es schön und wollte Gabi davon überzeugen, keine voreiligen Schlüsse zu ziehen. Sie sollte sich das mit dem Kleid, was ja immerhin ihr ganzer Stolz gewesen war, noch mal gründlich überlegen. Als Gaby[18] nach Hause kam und ich ihr das gefaltete Kleid entgegenhielt, rastete sie völlig aus. Ich sei unsensibel, hätte ja wohl ganz und gar nichts verstanden, ich solle sie in Ruhe lassen. Ja, sie schmiß mich glatt raus.

Da stand ich also alleine auf irgendeiner Straße in irgendeinem Dorf, das gefaltete Kleid einer ehemaligen Weinkönigin in den Händen. Völlig fassungslos irrte ich durch die Straßen, rausgeschmissen von einer Braut von wegen unsensibel, das hatte es ja noch nie gegeben. Mir fiel auf, daß ich Gaby[19] wirklich gerne hatte. Irgendwie war sie anders als die anderen Frauen. Doch jetzt war ich wieder mal auf mich allein gestellt.

Was war passiert? Sollte ich, der ich immer jede Situation gut im Griff hatte, auf einmal sentimental werden? Alles in mir sträub-

16 *II.*

17 *ebenda*

18 *»die Zweite«*

19 *Da sind Sie ja schon wieder. Zur Erklärung: Gaby war eigentlich Gaby Schommer. Als Weinkönigin wurde sie allerdings Gaby die Zweite genannt. Ich habe mich aber aus Platzgründen dazu entschlossen, dies nicht immer einzeln aufzuführen.*

te sich dagegen, aber trotzdem konnte ich nicht von dem Kleid lassen, das ich in Händen hielt. Ich fing an, es zu streicheln, und bemerkte, daß mich das echt antörnte. Es war dieses »Nimm-mich-Gefühl«, das mir schon so manche Frau, niemals aber ein Kleid gegeben hatte. Ich konnte gar nicht mehr lassen von dem Kleid und das Kleid nicht von mir. Es entstand ein gegenseitiges Verlangen, das sich bis zum Unvorstellbaren steigern sollte.

Das bleiche, aber kraftvolle Licht des Vollmondes spiegelte sich in den Pfützen der menschenleeren Dorfstraßen. Die Macht der Nacht trieb mich bis zum Äußersten: Ich riß mir meine Klamotten vom Leibe und streifte mir das Kleid über, und nur der Mann im Mond sah zu. Ich wurde eins mit diesem Kleid. Ein Zucken durchfuhr meinen Körper. Von den Zehen bis zu den Haarspitzen spürte ich, daß etwas Unglaubliches mit mir passierte, eine komplette Veränderung meiner Persönlichkeit. Ich, der eben noch ein Steppenwolf gewesen war, verwandelte mich sozusagen in eine Werwölfin.

Ich betrachtete mich in der Straßenpfütze und sah, daß ich ein neuer Mensch geworden war. Doch statt mich zu erschrecken, löste der Anblick unter meiner dichtbehaarten Brust ein unglaubliches Glücksgefühl aus, das wohl nur Menschen kennen, die blind waren und plötzlich wieder sehen können. Ich fing an, allein mit mir auf der Straße Ringelreihen zu tanzen, so glücklich war ich. Ich frohlockte laut und seufzte, zuerst leise in mich hinein, dann immer lauter, ein Seufzen wie ein Befreiungsschrei: »Schön ist es, auf der Welt zu sein!«

Mir war natürlich klar, daß ich jetzt nicht mehr der Roadie von früher war. Zwar schmückte immer noch der Oberlippenbart mein Gesicht, und mein Körper war der eines ehemals unflätigen Mannes. Aber in meinem Inneren war ich ein anderer

Mensch geworden, ein Mägdlein hold und schön. Mein Geist quoll über vor Gedanken, die so rein waren wie ein Gebirgsbach an einer saftig grünen Wiese, auf der sich Biene und Stachelschwein guten Morgen sagen.

So eilte ich behende aus dem Dorf hinaus über Wiesen, Felder und Auen. Der Tau der Gräser funkelte im Mondenschein. Ich lief unaufhaltsam weiter, beflügelt von einem nie gekannten Elan, das Lied auf den Lippen, das erzählt, wie schön es ist, auf dieser Welt zu sein. Ich lief und lief und lief und lief. Die Zeit verging wie im Fluge, und als die Sonne über den Wipfeln erwachte, war ich müde und legte mich in einem Kornfeld danieder, um zu schlafen. Wie lange ich geschlummert habe, weiß ich nicht mehr zu sagen. Geweckt wurde ich durch einen rüden Bauern, der sein Feld bestellen wollte und mich entdeckt hatte.

»Ei, was haben wir denn da?« fragte er mich, und ich erschrak einen Augenblick über mich selbst, als ich ihm wie von Engeln souffliert antwortete: »Ich bin die Anita.« Ich bin die Anita *redete ich mir selbst noch einmal Mut zu, den ich auch bitter nötig haben sollte. Immerhin trug ich außer dem Kleid noch einen Schnurrbart und mußte dem Bauern vorkommen wie ein Kerl aus einem dieser Männerballetts, die sich in unserer Gegend zu Fastnacht großer Beliebtheit erfreuen. Da dieses sich aber nicht in den närrischen Tagen zutrug, war ich ihm wohl eine Erklärung schuldig.*

»Nicht lügen jetzt«, *riet eine innere Stimme mir,* »wenn du jetzt nicht zu dir stehst, wirst du es immer schwer haben.«

»Ich bin die Anita«, wiederholte ich daher selbstbewußt und fügte an: »Und ich bin, was ich bin!«

Der Bauer, der mit solcherlei philosophischem Gedankengut

Anita

wohl offensichtlich noch nie in Berührung gekommen war, schien sehr beeindruckt und antwortete: »Na ja, jeder muß gucken, wie er klarkommt.«

Von diesem Zeitpunkt an waren mir zwei Dinge bewußt:

1.: Ich war Anita, und

2.: Ich mußte jetzt gucken, wie ich klarkam.

Das hieß zunächst einmal: Ich mußte hier weg. Ich mußte an einen Ort, der einer Anita würdig war. Wo Menschen lebten, die mich verstanden und mit denen ich mein Glück teilen konnte. Solch einen Platz gab es nur einmal auf der Welt: den Wörthersee. Dort, wo Roy glücklich gewesen ist, da kann es auch für eine Anita nicht schlecht sein, dachte ich bei mir.

Ich schaffte es dann auch, einigermaßen unbeschadet voranzukommen. Dies hatte ich hauptsächlich meinem liebreizenden Augenaufschlag zu verdanken, der mir das Mitfahren auf Heuwagen ermöglichte, die in meiner Richtung unterwegs waren.

Am Wörthersee angekommen, suchte ich mir zunächst eine Bleibe. Für ein Zimmer im Schloß reichten meine finanziellen Rücklagen leider nicht aus, aber immerhin konnte ich eine saubere Stube bei netten Wirtsleuten finden. Um mir meine Unterkunft finanzieren zu können,bot ich in der Muschel einer Kuranlage meine Tanz- und Sangeskunst feil. Ich betrachtete es als vornehme Aufgabe, den älteren Kurgästen Zuversicht und Hoffnung zu spenden, und wollte sie ermutigen, über ihren Kurschatten zu springen. Wann immer sich nach meinen Auftritten noch Zuschauer auf den Sitzen befanden, ließ ich eine kleine Dose herumgehen, was mir den Spitznamen »die Dose vom Wörthersee« eingetragen hat.

Nach einigen Wochen harter Arbeit bei kargem Lohn verbreitete sich rund um den See die Kunde, daß ein gewisser Guildo Horn sich aufgemacht habe, das Erbe von Roy Black im Schloß am

Wörthersee anzutreten. Es sei ein richtiger Herr, ein Bild von einem Manne, so hieß es, ein Barde gar, der mit seinen Musikanten viel Freud zu den Menschen bringe.

Obwohl ich diesen Mann noch nie gesehen hatte, faszinierte mich doch die Kunde von der Aura, die er zu verbreiten schien. Die Menschen suchten seine Nähe, riefen ihn sogar »Meister« und folgten ihm auf seinem Kreuzzug der Zärtlichkeit – einer Mission, von der man sich erzählte, sie mache die Menschen froh und glücklich. Für mich stand fest, daß es fortan mein Begehr sein sollte, diesem Manne nachzufolgen. Guildo, ich komme, *dachte ich bei mir und stellte mir vor, wie schön es sein würde, mit diesen Musikanten zu ziehen und ein erfülltes Leben zu haben.*

Doch wie ich dachten viele. Hunderte von Menschen (besonders weiblichen Geschlechts) erwarteten seine Ankunft, die für einen der nächsten Tage in Form eines Freiluftkonzerts angekündigt war, und bereiteten sich intensiv (z. B. durch Herrichten der Frisur) auf das erhoffte persönliche Zusammentreffen vor. Wie kommt man an einen solchen Star ran, der umzingelt ist von vielen Verehrerinnen und geschützt von starken großen Männern? Ich würde also eine List anwenden müssen, mit der ich meine Konkurrentinnen ausstechen konnte.

Was hast du, was die nicht haben? *fragte ich mich.*

Eine ganze Menge, *konstantierte ich und schaute auf meinen Schoß hinab. Und mir fiel ein, daß ich ja in meinem früheren Leben doch eine ganze Menge gelernt hatte, was mir jetzt vielleicht von Nutzen sein könnte.*

Ich beschloß also, für das bevorstehende Guildo-Horn-Konzert als Roadie anzuheuern und mich zu diesem Zwecke wieder wie zu meiner präanitalen Phase zu kleiden. Es fiel mir schwer genug, da mir meine frühere Kluft jetzt wie eine lächerliche

(Foto: Steffen Jagenburg)

Wo man singt, da laß dich ruhig nieder. (Foto: Harald Tittel)

Oben: Wir leben in einer schnellebigen Zeit! (Foto: Steffen Jagenburg)
Unten: Ich liebe die Natur. (Foto: privat)

Rock am Ring 1996: An diesem Tag habe ich 50.000 Menschen für den Kreuzzug der Zärtlichkeit gewonnen. (Fotos: Harald Tittel)

MIT DEM
NASCH-
WERK

Oben: Seit Februar 1997 bin ich stolzes Ehrenmitglied des 1. FC Köln. (Foto: Axel Diedge)
Unten: Im Kreise meiner Gefährten, der Orthopädischen Strümpfe. (Foto: Steffen Jagenburg)

Auch ein Mann wie ich braucht mal Pause. (Foto: Steffen Jagenburg)

Danke! *für alles, Freunde. (Foto: Steffen Jagenburg)*

Kostümierung vorkam und ich mir gar nicht mehr vorstellen konnte, früher eine Lederjacke getragen zu haben wie eine zweite Haut.

Beim halbstarken Sohn meiner Zimmerwirtin konnte ich mir gottlob die entsprechenden Utensilien ausleihen, übte dann noch einige Stunden Gang und Sprache meines Jungenlebens und machte mich auf in Richtung Konzertwiese. Nach einer kurzen Prüfung in Luftgitarre erhielt ich prompt einen Job für das bevorstehende Konzert. Ich sollte die Gitarre des Orthopädischen Strumpfes Roland GaRoss in meine Obhut nehmen – eine lächerliche Aufgabe für einen alten Hasen wie mich. Doch brachte dieser Job mich in Bühnennähe und somit meinem Ziel einen großen Schritt näher.

Vor dem Konzert war ich sehr aufgeregt. Im Vergleich zum organisatorischen und technischen Aufwand der Guildo-Horn-Produktion waren die Roadie-Gigs meiner Vorzeit lächerliche Dorfkonzerte gewesen. Außerdem erlebte ich eine Backstage-Atmosphäre, die nichts mit dem mir bekannten Rock 'n' Roller-Leben gemein hatte: Die Guildo-Horn-Crew sah zwar ähnlich cool aus wie die Crews anderswo, nur waren alle viel fröhlicher. Es wurde musiziert, gelacht, gesungen und getanzt. Einzig der Manager, ein Mensch namens »der Diether«, starrte wortlos und mit Tiriac-Blick auf das Treiben dieser Rasselbande. Doch selbst hinter den gespiegelten Gläsern seiner Sonnenbrille konnte man ein Funkeln in den Augen ahnen, das wohl alle Schlagermenschen haben.

Während ich die Orthopädischen Strümpfe alle bei ihren Aufwärmspielchen beobachten konnte, gelang es mir nicht, den großen Meister backstage zu sichten. Wie es hieß, bewohnte er eine VIP-Lounge, zu der niemand einen Zutritt hatte. Einzig einigen auserwählten Kindern des Dorfes war es unter dem

Motto »Lasset die Kindlein zu mir kommen« erlaubt, ihm vor dem Konzert selbstgeschriebene Gedichte vorzutragen und selbstgemalte Bilder zu überreichen.

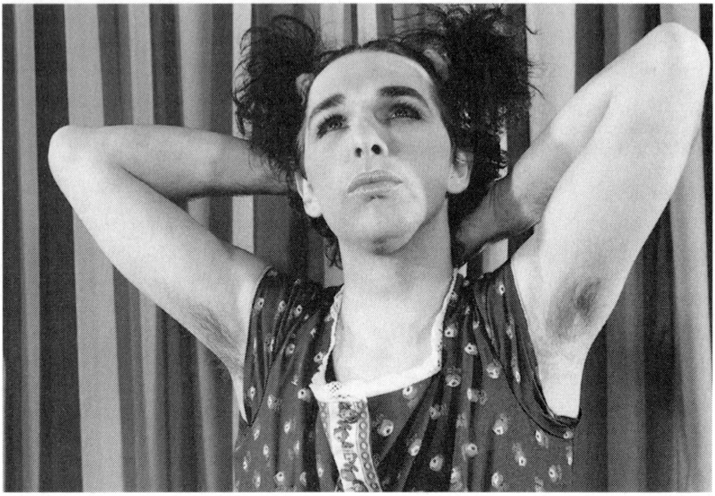

Ohne Damenbart

Als das Intro den nahenden Konzertbeginn ankündigte, stieg meine Spannung ins Unermeßliche. Ein Meer von Feuerzeugen erleuchtete die riesige Wiese, und die »Meister, Meister!«-Rufe der Zuschauer kündeten von der unmittelbar bevorstehenden Ankunft einer charismatischen Ausnahmefigur. Ich war so ergriffen, daß ich mich dabei ertappte, wie ich selbst lauthals in den »Meister«-Chor einstimmte. Ein freundlicher, aber unmißverständlicher Blick von »der Diether« brachte mich zum Schweigen.

Als dann die Orthopädischen Strümpfe die Bühne bestiegen, hatten die Ordner im Bühnengraben schon alle Hände voll zu tun. Ein Mädchen, die einen Button mit der Aufschrift: »Rol find ich toll!« trug, wurde beim Anblick ihres Idols durch ihr eigenes hysterisches Geschrei so wirr, daß sie ins Erste-Hilfe-Zelt gebracht werden mußte. Nach einer Behandlung mit Lavendelöl und Fußreflexmassagen wurde sie zur Rekonvaleszenz in die Garderobe von Herrn GaRoss getragen, wo sie sich dann ausruhen durfte.

Als dann jedoch der Meister nahte, wurde alles andere unbedeutend. Obwohl die mich umbrandende Geräuschkulisse aus »Meister«-Rufen, flehentlichem Gewimmer und fassungslosem Weinen mir die Ohren betäubte, herrschte in mir dennoch eine erwartungsvolle Stille. Ich war in mich versunken wie zuletzt nur in den Sekunden vor meiner ersten Kommunion, lauschte tief in mich hinein, und über meine Wange wanderten drei kühle Tränen der Rührung, Freude und Dankbarkeit.

»Tränen lügen nicht«, hörte ich auf einmal die Stimme des Meisters singen, noch ehe ich ihn zu Gesicht bekam. Und mit einem Mal stand er da: eine Lichtgestalt und doch ein Mann aus Fleisch und Blut, nur wenige Meter von mir entfernt. Wie aus einem Reflex heraus kniete ich nieder. Als ich nach einer Schrecksekunde begriffen hatte, daß mich dieses unprofessionelle Tun meinen Job und somit meine Zukunft kosten konnte, tat ich so, als würde ich auf dem Boden krabbeln, um die Kabelstränge zu kontrollieren. Der Diether hatte zwar alles aus den Augenwinkeln beobachtet, ließ mich aber gewähren. Ich wuselte wie verrückt, denn ich wollte mir auf keinen Fall anmerken lassen, daß ich gerade meine Bestimmung erfahren hatte und die wichtigste Stunde meines Lebens angebrochen war. Ich griff mir eine Flasche Bier, die ich in Roadie-Manier mit den Zähnen öffnete, und hielt mich an ihr fest.

Herr, laß Abend werden, sag nur ein Wort. Ich befand mich in einem Zustand der Trance. Fast wäre mir entgangen, daß auf einmal mein Einsatz gefragt war. Roland GaRoss hatte bei »Mendocino« in einem wilden Guitarrensolo eine Saite gefetzt, und es war meine Aufgabe, ihm geschwind ein neues Intrument zu bringen. Der Diether räusperte sich kurz, aber bestimmt hinter meinem Rücken, und ich griff schnell die GaRosssche Zweitgitarre und brachte sie ihm auf die Bühne. Mir war gar nicht bewußt, daß ich damit ins Blickfeld der gesamten Zuschauermenge rückte, und bemerkte zunächst nicht, wie sich eine störende Unruhe breitmachte. Einzelne Rufe wurden laut, die ich nicht verstand.

Da tönte es aus der ersten Reihe: »Seht mal, da ist ja die Dose vom Wörthersee.«

Mir wurde speiübel. Die Orthopädischen Strümpfe hatten aufgehört zu spielen. Verwundert schauten sie auf mich, den Roadie, und wußten nicht, was sie denken sollten.

Ich versuchte einen coolen Gesichtsausdruck und fletschte meine Oberlippe. Da traf mich auf einmal der Blick des Meisters, und meine Roadie-Fresse verwandelte sich in einen Kußmund.

»Anita, Anita!« tönte es aus den ersten Reihen.

Ein Alptraum wurde war, ich wußte nicht mehr, ob ich Männlein oder Weiblein war. Am liebsten wäre ich im Konzertgraben versunken oder geradewegs in den Himmel aufgestiegen. Aber da stand ich, in Rockermontur mitten auf einer Bühne vor Tausenden von Menschen, die mir »Anita« zubrüllten.

Mittlerweile hatte mich auch der Verfolgerscheinwerfer fixiert, offensichtlich war ich zu weit gegangen. Ich wandte mich Guildo zu, der immer noch wortlos auf der Bühne stand. Wenn ich jetzt gefeuert werde, dann wenigstens vom Meister selbst, dachte ich mir. Ich hatte mir unser Zusammentreffen zwar anders vorgestellt, aber so sollte es wohl sein.

Da streckte Guildo beide Arme nach mir aus und winkte mich mit den Fingerspitzen zu sich. Ich warf mich vor ihm auf die Knie, küßte seine Schuhe und vergrub mein Gesicht im weiten Ausschlag seiner Hose. Er beugte sich ein wenig zu mir herab, legte mir die Hand unters Kinn und hob meinen Kopf hoch, so daß ich ihm in die Augen schauen mußte. Dann neigte er sein Haupt und flüsterte mir ins Ohr: »Fürchte dich nicht, ich bin bei dir. Schön ist es, auf der Welt zu sein!«

In diesem Augenblick spielte die Band die Blacksche Musik, die in den letzten Wochen und Monaten mein Leben bestimmt hatte. Ich klammerte mich an den Körper des Meisters und rappelte mich an ihm wieder auf. Flüchtig blickte ich zum Bühnenrand. Da stand der Diether und hielt meine Anita-Tracht, die ich unter einem Flightcase versteckt zu haben glaubte, in den Händen. Mit einem aufmunternden Blick warf er sie mir zur Bühne hoch. Ich entledigte mich meiner Clubjacke sowie meiner restlichen albernen Verkleidung. Schon hatte ich das Kleid wieder angelegt, und es wärmte mich wie eine zweite Haut.

Ja, ich bin die Anita, und ich bin, was ich bin.

Die Orthopädischen Strümpfe spielten immer noch das Intro von »Schön ist es, auf der Welt zu sein«, und Guildo nahm mich bei der Hand. Dann sangen wir gemeinsam, und ich war ganz im Schlagerhimmel. Hier war ich Anita, hier durft' ich's sein. ***Danke!***

Am Ende des Liedes gab mir Guildo einen Kuß auf den Mund. Ich war rehabilitiert und konnte mein Glück kaum fassen. Als ich die Bühne verließ, packte mich der Diether sofort am Arm.

»Ich glaube, wir beide gehen jetzt erst mal einen Caro-Kaffee trinken.«

Wie ich später erfahren sollte, konnte ein Caro mit »der Diether« ein Leben verändern. Wir redeten Klartext.

»Du bist dabei«, sagte er kurz. »Aber wir haben dich als Roadie eingestellt, und so soll es auch bleiben.«

Bevor ich widersprechen konnte, ergänzte er weise: »Zwei Seelen wohnen in deiner Brust. Lebe beides, sei einfach du. Ab sofort bist du der Roadie Anita. Nur so kannst du deine Vergangenheit bewältigen.«

Ja, so war er, der Diether. Unsere Verhandlungen zogen sich über die gesamte Länge einer Thermoskanne hin. Er bestand auch darauf, daß ich mich als Anita auf der Bühne Liedern widmen sollte, mit denen ich mein Roadieleben aufarbeiten konnte. Der Schlager als Therapeutikum. Vertraglich wurde mir eine Anfangsdosis verschrieben, mit der ich mein Leben auf der Straße in einem anderen Licht sehen durfte. Ich sollte fortan Roadielieder singen wie »Fahrende Musikanten« und »Im Wagen vor mir fährt ein junges Mädchen«. Einmal täglich und das bis heute. Der Weg ist das Ziel und die Straße mein Zuhause.

Schön ist es, auf der Welt zu sein

Rückkehr nach Mendocino

Und da gab es noch so einen. Einen wie mich. Einen weiteren Auserwählten. So hatte ich es jedenfalls schon früh im Leben aus der Unterhaltung zwischen meiner Mama und unserem Metzgermeister aufgeschnapt. Mutti hatte mich extra an diesem Tag gebeten, sie beim Einkauf zu begleiten. Wegen des bevorstehenden Osterfestes mußten noch viele Besorgungen gemacht werden, und da sollte ich als großer Bub ihr beim Tragen helfen. Unsere letzte Station war wie immer die Metzgerei Blau. Herr Blau, ein pausbäckiger Mitfünfziger, den wir alle Ike[20] nannten, war sehr beliebt bei uns Kindern, weil er uns nie vergaß. Nie durfte man seinen Laden verlassen, ohne daß man vorher ein deftiges Stück seiner feinsten Fleischwurst in die blanke Faust gedrückt bekam. So auch diesmal. Und während ich mich mit Genuß über mein gerade errungenes Rindswürstchen hermachte, trug Mutter ihm ihre Wünsche vom vorösterlichen Bestellzettel vor: »Herr Blau, bitteschön ein Viertel Rinderhack, dreihundert Gramm Schweineschmalz am Stück und ... und ... und ...«

[19] *Ganz in der Tradition der Familie Walton.*

Ich war schon nicht mehr in der Lage, ihrem Gespäch zu folgen. Der fürstliche Geschmack Blauscher Traditionswurst ließ meiner Aufmerksamkeit keinen Spielraum mehr. Als ich gerade die Augen geschlossen hatte, um mich gänzlich im süßlichen Duft frischer Rindernieren zu verlieren, wurde ich plötzlich und unvermittelt aus meinen Träumen gerissen, indem ich Wortfetzen vernahm wie »gestern Abend ... Thomas Heck ... absoluter Meister seines Faches ... Michael Holm ... Mendocino ... tuschel, tuschel, tuschel ...« Zack, war ich wieder in dieser Welt, die Ohren gespitzt wie ein Luchs.

Michael Holm, dieser Name bedeutete schon damals für mich Freiheit und Happiness, obwohl ich ihn bislang noch nie live hatte sehen dürfen. Die ZDF Hitparade wurde nämlich erst im Abendprogramm ausgestrahlt, also nach dem Sandmännchen, und da lag ich ja bereits mit dem Geknatschten in der Heia. Der Geknatschten war stets solidarisch mit ins Bett gegangen, obwohl er wegen seines fortgeschrittenen Alters auch hätte gucken dürfen. Wie alt er wirklich ist, hat er mir bis zum heutigen Tage verschwiegen, aber er muß schon verdammt alt sein, denn als ich ihn zum erstenmal sah, war er schon da.

Mutti und ich hatten uns nach längeren Verhandlungen auf einen Zeitpunkt geeinigt, an dem es einem Kind wie mir erlaubt werden sollte, das Televisions-Abendprogramm zu konsumieren – ein großer Schritt auf dem Weg in die erste Reihe des Erwachsenwerdens. Meine Mutter bestand auf acht Jahre, ich drängte auf drei, und da ich kurz vor der Vollendung meines vierten Lebens-

jahres stand, einigten wir uns schließlich einvernehmlich auf meinen vierten Geburtstag.
Mein viertes Wiegenfest sollte also ein denkwürdiges Datum sein, zumal es auf einen Montag fiel und somit ein Hitparadentag war. An diesem nämlichen Montag konnte ich dem Sandmännchen nur ein müdes Lächeln abgewinnen. Der Geknatschten und ich hatten es uns, mit einem Kassettenrekorder ausgerüstet, unmittelbar vor dem Bildschirm des Fernsehers gemütlich gemacht. Ich zählte die Minuten, am Schluß sogar die Sekunden.
»Live aus Berlin in IHREM ZDF ...«
Dieter (nicht der Diether) hatte die Sendung, soweit ich das beurteilen konnte, voll im Griff. Was für ein Erlebnis – und ich live dabei. Cindy und Bert, Lena Valaitis, Martin Mann und wie sie alle hießen. Sie waren Stars, und das (so konnte ich trotz meines verhältnismäßig jungen Alters schon beurteilen) heißt schon was. Aber der absolute Star des Abends machte es spannend und war bisher nicht in Erscheinung getreten. Über ihn, Michael Holm, wußte ich damals noch nicht viel. Nur, daß er ein Cabrio besaß, mit dem er sich für die Leser der HÖR ZU hatte ablichten lassen. Aber sein Lächeln war das Lächeln eines ganz Großen. Wir näherten uns der Startnummer acht.
Der Geknatschten war vollkommen sprachlos, und ich schloß mich ihm an. Ich spreizte meine kleinen Finger so weit, daß ich im entscheidenen Augenblick die Play- und Recordtaste gleichzeitig drücken konnte. (Das hatte ich bereits mehrmals beim nachmittaglichen Kinderprogramm ausgetestet. Mit Erfolg.) Und dann war es soweit.

»Mit der Startnummer acht. Hier ist ...«
Play! Meine Finger reagierten wie elektrisiert.
»... Bata Illic.«
Verdammt, was war das denn? Ein netter Mann, gewiß, aber eben kein Michael Holm. Während Bata im Fernsehen von einer Michaela sang (ich kannte nur eine Michaela, und die war dick und blöd, und ich würde nie über sie singen), drückte ich auf *rewind*. Ich war voll in Panik. Nur ein Lied blieb mir noch Zeit, um die Kassette wieder an die Stelle zurückzuspulen, die ich für Michael Holm vorgesehen hatte (direkt hinter Hilde, Teddy und Puppi).
Normalerweise war ich sehr geübt in diesen technischen Dingen, jetzt aber verspulte und verspulte ich mich immer wieder. Bata hatte bereits die Hände voller Blumenbouquets und war kurz davor, diese zum Dank für den Applaus in den Himmel zu recken. Und ich spulte immer noch hektisch, als Herr Heck erneut die Stimme erhob, um jene Startnummer anzukündigen, auf die sicherlich außer mir noch Millionen anderer Menschen und Steiftiere warteten:
»Michael Holm mit Mendocino!«
Vor lauter Aufregung hätte ich fast danebengegriffen, aber die rote Kontrolleuchte zeigte an, daß ich es geschafft hatte. Ich hielt den Rekorder direkt unter den Mund von Michael Holm, so daß ich den Sänger zuerst gar nicht richtig erkennen konnte.
Jetzt wußte ich auch, warum er sich das Cabrio gekauft hatte. Er fuhr damit jeden Tag nach Mendocino, einen Ort, der mir bis dahin unbekannt gewesen war, der zumindest nicht in unserer Gegend lag. Ein toller Ort

mußte das sein. Und wie sich außerdem herausstellte, hatte Michael Holm ähnlich viel Sinn für harmlose Streiche wie ich. Während ich jedoch mächtig Ärger kriegte, wenn ich mir in der Nachbarschaft meine Klingelputzscherze erlaubte, nahm sich ein Michael Holm die Freiheit, an jeder Tür in Mendocino anzuklopfen.
Die Nummer war ein reinrassiger Hit. Ich hatte wohl schon damals ein gewisses Gespür dafür, und am nächsten Montag sollte sich herausstellen, daß ich richtig gelegen hatte. Michael Holm landete auf Platz eins und durfte nicht mehr wiedergewählt werden.
Jetzt hatte ich den Mendocino-Hit auf meiner Lieblingskassette und konnte ihn hören, sooft ich wollte.
Da ich damals schon des Schreibens mächtig war, gelang es mir trotz der viel zu kurzen Einblendezeit, auch noch die Autogrammadresse zu notieren, und ich bewarb mich sodann um die eigenhändige Unterschrift meines Lieblingsstars. Gerne hätte ich ihn auch persönlich besucht, aber die Adresse hatte leider nur ein Postfach. Bereits nach wenigen Monaten konnte ich die Autogrammpost aus unserem Briefkasten fischen, ohne daß mir Mutter dabei zuvorkam. Die lange Zeit, die ich auf das Autogramm warten mußte, sagte mir, daß Herr Holm sich sehr genau überlegt hatte, wem er ein Autogramm zuschickte. Ich durfte mich also doppelt geehrt fühlen. Fortan war ich ein glücklicher Bub; immer den Kassettenrecorder unter dem Arm, um mir dieses Lied anzuhören. Leider mußte ich jedoch feststellen, daß nicht alle Kinder meines Alters mit solch schöner Musik etwas anzufangen wußten. Mutter jedoch unterstützte mich in meiner Leidenschaft und war stolz, daß ich mit

meinem Leben etwas anzufangen wußte. Sie sagte immer: »Guck mal, Guildo, das ist einer, der ist aus demselben Holz geschnitzt wie du.«
Doch während er schon dastand wie ein Baum, war ich noch ein junges Ästlein. Dennoch hegte ich auch nicht den geringsten Zweifel daran, daß sich unser beider Wege einmal kreuzen würden. In Gedanken versuchte ich mir auszumalen, wie und wo dieses Zusammentreffen stattfinden würde. Würde Michael Holm vielleicht mit seinem Cabriolet in unserem Dorf vorbeigefahren kommen? (Ich hielt die Augen wachsam offen.) Würde ich selbst vielleicht den Weg nach Mendocino finden? Es war mir eigentlich egal, wann und wo. Ort und Zeit sind nicht so wichtig, wenn es um ein höheres Ziel geht.
Und dieses Zieles war ich mir mehr als sicher. Wir, Michael Holm und ich, waren berufen, den Menschen Glück zu bringen. Wir beide für den Rest der Welt! Ihr solltet euch vielleicht einmal vorstellen, was es für einen Menschen wie mich bedeutet, plötzlich in der Gewißheit leben zu dürfen, daß man doch nicht alleine die Last der Welt auf seinen Schultern tragen muß. Vergnügt und guten Mutes machte ich mich also auf den Weg zu meiner Kuhweide, um die frohe Kunde im engsten Kreise meiner animalischen Freunde zu begießen. Der Geknatschten war selbstredend auch dabei, und wir feierten ein rauschendes Fest. Am nächsten Tag hatte ich sowieso schulfrei, und da kann man schon mal alle fünfe gerade sein lassen.
Was lange währt, wird endlich gut, heißt das Lieblingssprichwort unseres Dorfältesten Öhi, und es sollte sich viele Jahre später auch in meinem besonderen Falle

bewahrheiten. Mittlerweile war aus mir ein stattlicher junger Interpret geworden, der bereits einige Stufen auf seiner nach oben offenen Schlagerkarriereleiter erklommen hatte. An einem herrlichen Frühlingstag rief mich meine leitende rechte Hand, mein väterlicher Freund, der Diether, an, um mir zu berichten, ich sei nach München eingeladen. Man wollte mich dort an der Seite diverser prominenter Gäste im Jurorenteam der bekannten Ratesendung XXO mit Fritz Egner begrüßen.
Zuerst sträubte ich mich ein wenig, so, wie wir Künstler uns immer zu sträuben pflegen, doch als ich erfuhr, daß auch Er geladen war, sagte ich sofort zu. Er, Michael Holm, und ich, Guildo Horn, zusammen in einem Exekutivkomitee. Die zwei Geschworenen. Das stellte ich mir einfach traumhaft vor.
Die Stunde der Begegnung war also denkbar nah. Wie mochte er wohl wirklich sein, fragte ich mich. War er das, was seine Musik von ihm versprach? Kannte er auch mich? War ich sein Typ? Fuhr er noch dieses Automobil? All diese Fragen zermarterten mir mein mittlerweile herbstlich gewandeltes Samtköpfchen, bevor ich erschöpft in den tiefen Schlaf fiel.
Am darauffolgenden Morgen kam der Diether schon recht früh bei mir vorbei. Vor unserer Abreise nach »Mendocino« wollten wir noch ein ausgiebiges gemeinsames Frühstück zu uns nehmen. Abends zuvor hatte ich aus lauter Vorfreude meinen alten Kassettenrecorder wieder herausgekramt und ließ pausenlos das Lied erschallen, das für mich und viele junge Menschen in den vergangenen Jahren zur frohen Botschaft geworden war. »**Danke!**« für alles, Michael! In tiefer Sympathie

hatte ich auch mein erstes eigenes Album »Rückkehr nach Mendocino« getauft.

Der Frühstückstisch war, wie es sich für einen solchen Festtag schickt, reichhaltig gedeckt. Es gab Caro-Kaffe, Esszet-Schnitten und frische Hörnchen. Am liebsten mag ich die Hörnchen dann, wenn sie nicht zu kross angebacken sind. Und wenn innendrin sogar noch ein bißchen roher Teig übrig ist, geht die Sonne für mich auf. So hat halt jeder Mensch seine kleinen eigenen Vorlieben, und es ist sehr wichtig, daß wir uns gegenseitig darin respektieren.

Wie ich noch so darüber sinnierte, schnappte mich plötzlich der Diether am Schlawittchen und rüttelte mich auf. Ab ging's in seinem repräsentativen Diethermobil zum Köln-Bonner Flughafen. Wir leben halt in einer superschnellebigen Zeit, das habe ich euch ja schon am Anfang zu erklären versucht. Einer Zeit, in der es einem anständigen Orthopäden sogar verwehrt ist, in aller Gemütsruhe sein Frühstückshörnchen in eine warme Tasse mit Caro-Kaffee zu tunken.

Am Flughafen angelangt, checkte uns der Diether umgehend in eine Propellermaschine ein, und wir düsten in einem Mordskaracho nach München. Am Flughafen dann die übliche Zeremonie (ich kann sie schon nicht mehr ertragen): roter Teppich, Blitzlichtgewitter, Boden küssen, Händeschütteln mit dem Ortsbürgermeister. Vor allem das ewige Händeschütteln zermürbt mich immer wieder aufs neue. Wenn ich von einer Reise nach Hause komme, ist stets meine gesamte Schulterpartie verspannt, und der Diether muß mich dann immer gut durchknautschen. Außerdem bin ich mittlerweile in der Lage, sämtliche Würdenträger unserer Republik allein an ihrem Händedruck und ihre Gattinnen am Geschmack ihrer Tagescreme zu identifizieren. In der Tat ist es manchmal sehr anstrengend, derart geliebt zu werden.

Wieder zerrte mich der Diether am Hemdsärmel, dabei war ich mich doch eben noch bei der freundlichen Toilettendame am bedanken, und ab ging's in die bereitgestellte Luxus-Strecklimousiene und schwuppdiwupp zum Sendehaus. An der Pforte begrüßte uns eine jungfräuliche Produktionsleiterin mit farbenfrohem Frühlingsstrauß und wies mir meine Aufenthaltsräumlichkeiten zu.

»Ist Er schon hier?« war gleich meine erste eilige Frage, die jedoch ungehört zu verhallen schien. Statt mir zu antworten, führte die Dame der Diether, den Geknatschten und mich in eine Künstlergarderobe mit der Aufschrift »Guildo«. Eine wunderschöne kleine, schnuckelige Suite mit angeschlossenem Bad, das ich mir allerdings mit einem Nachbarpromi teilen mußte.

Verschwitzt von der langen Anreise, zückte ich meinen Kulturbeutel, so wie ich das immer tue, und begab mich zur gründlichen Reinigung ins Badezimmer. Als ich gerade mitten in der Glattrasur steckte und zur Kontrolle einen letzten Blick in den Wandspiegel wagte, tauchte unvermittelt ein weiteres Gesicht im Spiegel auf.

Er!

Er stand hinter mir! Offenbar schon eine ganze Weile, er hatte mich wohl schon längere Zeit betrachtet. Das blaue Blut schoß mir durch jede Pore meines Körpers. Die Zeit blieb stehen. Ein Moment, geschaffen nur für

Götter. Michael Holm in Personalunion. Der Mann aus dem Cabriolet. Mister Tränenlügennicht!
Leise Musik berieselte den Waschraum, und im Taumel dieser Klänge hob er an, zu mir zu sprechen.
»Sag doch selbst, Guildo, was wirst du nun anfangen mit deiner Freiheit, die dir jetzt so kostbar erscheint?«
Ich war hypnotisiert:
»Im Frühjahr will ich mit dir als Freund durch Bars und Kneipen ziehen«, antwortete ich und vergaß dabei völlig meine Naßrasur.
Es bedurfte keines weiteren Wortes. Dieser Mann war ohne jeden Zweifel das, was ich mir von ihm erhofft hatte. Er verstand mich beim ersten Wort.

Mit meinem Spiritus rector Michael Holm *(Foto: Sandy Köhe)*

Als ich mich ungläubig zu ihm umdrehte, reichte er mir die Hand und begrüßte mich wie einen alten Freund. Eine alte Musikweise von Cat Stevens ging mir durch den Kopf: »Father and Son.« Ja, so fühlte ich. Hier stand ich gemeinsam mit einem Menschen, der den Schlager nicht nur lebte, sondern für mich den Schlager schlechthin verkörperte. Der menschgewordene Schlager.
Aber auch er schien unserer Begegnung entgegengefiebert zu haben und zeigte sich höchst erfreut.
Den ganzen lieben langen Studiodrehtag über konnten wir nicht mehr voneinander lassen und nutzten jede nur erdenkliche Gelegenheit, unsere Gedanken auszutauschen. Der Grundstein für eine innige Beziehung zweier Botschafter der Liebe wurde an diesem herrlichen Tag gelegt. Fortan sollten wir noch viele gemeinsame fruchtbare Stunden des Glücks und der Musik miteinander verleben dürfen. Gemeinsam mit den Strümpfen auf der Bühne, aber auch dort, wo ihr uns einmal gerne treffen würdet. Ein großer Schritt für uns. Ein gewaltiger Schritt für die Menschheit.

Wenn einer eine Reise tut

Es war schon dunkel, als ich durch die südländischen Straßen des Fischerdörfchens heimwärts ging. Der griechische Wein, der schon damals für mich wie das Blut der Erde war, hatte mich beschwingt. Ich passierte kleine Fischerkneipen, die gerade Feierabend machten, und vernahm das meuternde Gegrummel der Gäste, die sich nun auf den Heimweg machen mußten. Abschied ist ein bißchen wie sterben, erst recht, wenn man seinen angestammten Platz an der Theke verlassen muß.
Die Nacht war kristallklar. Das Firmament über der verträumten Insel erstreckte sich bis zum Fußboden. Mein Weg führte mich vorbei an einem kleinen weißen Haus mit blauen Fensterläden und Türen, auf dessen Veranda ein junges Frauenzimmer in folkloristischem Geschmeide gerade ihr letztes Stück Gyros rhythmisch in ein Schälchen Tsatsiki tupfte. Verträumt lauschte sie dabei dem Gesang dreier junger Männer, die ihr sirtakitanzend ein mehrstimmiges »Δεν υπàρκει μπὺρα στη Χαβàϊ«[21] darboten, die griechische Version einer alten pazifischen Volksweise.

[21] *»Es gibt kein Bier auf Hawaii.«*

Kaum hatte ich mich einer kleiner Hafenmole genähert, in der winzige Fischerboote im Takt der Wellen miteinander schunkelten, als mir der Meereswind eine weitere Melodie zuwehte; ein leises »Leileileilei leileileilei leileileilei«, untermalt von harmonischen Saitenklängen, streichelte meine Ohrmuscheln. Eine Melodie, die mich sirenengleich in ihren Bann zog. Ich konnte mich nicht erwehren, lauthals mitzusingen.

»Ich hör' Busuki spielen,
bei Tag und Nacht hört man sie singen,
leileileilei ...«

Voller Neugier folgte ich den Klängen des Saitenspiels, bis ich ihren Ursprung gefunden hatte: Ein einsamer Busuki-Spieler, dessen Silhouette sich im Schein einer Hafenlaterne aus seiner maritimen Kulisse herausschälte.

Der Musikant, der auf einer Bank vor einer Taverne saß, schien mein Herannahen nicht bemerkt zu haben, denn er setzte sein Spiel unverdrossen fort, ohne auch nur einmal aufzublicken. Er war ungefähr in meinem Alter und trug die Arbeitskleidung einer Krankenschwester: auf dem Kopf ein weißes Häublein mit dem obligatorischen roten Kreuz und die Füße in dreischnalligen, ölbergerprobten Sandaletten aus reinem Birkenstock, Modell »Hannover 96«. Das etwas unrythmische Klappern und Klopfen, das sich den Zauberklängen zugesellte, rührte offensichtlich von seinem Stethoskop her. Verzückt setzte ich mich zu ihm auf die Bank und lauschte gebannt seinem Saitenspiel.

Ein wahrhaftiger Virtuose auf der Busuki. Die ohne Superslowmotion kaum wahrzunehmenden Bewegungen seiner Spielfinger entlockten dem Instrument die zau-

berhaftesten Töne, die ich je hören durfte. Meine Gehörgänge eregierten. Sein Musenspiel wurde schneller und schneller und mündete in einer Tonfolge, die mich an den Schlußteil meines Lieblings-Sirtakischlagers aus »Alexis Sorbas« erinnerte. Entfesselt spielte der Mann weiter auf, stets dem Motto »Flimm're auf, letzt Höchstes« folgend, bis mir die Sinne schwanden und sich die Hafenmole rund um mich zu drehen begann.
In meiner Extase sah ich Bilder, Farbkleckse und Illuminationen wie von einer anderen, einer besseren, einer sirtakigeren Welt. Einer Welt der Saiten und der Resonanzkörper. Alte Tempel erschienen mir, Männer und Frauen in goldbestickten Gewändern, die Fischerboote verwandelten sich in kleine Galeeren, wie es sie zur Zeit des Odysseus gegeben haben mußte. Auf den Galeeren schienen kleine Sklaven ihren klitzekleinen Frondienst für einen winzigen Gewaltherrscher zu leisten, und aus meinem Tobaksbeutel schlüpfte zuletzt gar der leibhaftige Minotaur.
Ich fühlte mich wie auf Wolke sieben, als unvermittelt das virtuose Spiel in einer rasenden Folge von Sextolen seinen Höhepunkt fand und dann abrupt verstummte. Die um mich fliegenden Bilder verblaßten, und ich brauchte einige Zeit, bis ich die Umgebung um mich herum wieder wahrnahm.
»Jupp«, sprach die Person, und seine ausgestreckte Grußhand schnellte mir entgegen. »Jupp Mykonos, der Phallos von der Insel Rhodos.«
»Äh, Guildo, Guildo Horn, ein Horn hinten, ein Horn vorn«, erwiderte ich verdutzt und reichte ihm die meinige. Er zwinkerte mir mit dem rechten Auge zu, wobei er

die linke Braue hochzog. Unter seinem Schwesternhäubchen sah ich kleine schwarze Miniplis-Löckchen hervorquellen. Dieser Josef schien unter seiner Kopfbedeckung eine Afrikaperücke zu tragen.
»Du bist Sänger,« stellte er fest, und ich blickte ihm erstaunt in sein Antlitz.
»Hier nimm, du Horn«, fuhr er fort und reichte mir augenzwinkernd ein Glas entgegen. »72er Domestos, Südhang, mindestens 104 PS.«
Ich nahm den Kelch und sagte »**danke!**«, brach ihn und wollte ihn gerade meinen Jüngern reichen mit den Worten ...
... da merkte ich, daß ich sie gar nicht dabeihatte (die Jünger). Egal. Mit geübtem Gaumen widmete ich mich dem Wein: »Wahrlich ein edler Tropfen. Aber sag einmal, Josef, woher weißt du eigentlich, daß ich Sänger bin?«
Jupp zündete sich eine Attika an. »Ich hab' dich doch eben singen hören, als du angekommen bist. Und so kann wirklich nur ein Meistersänger singen«, fügte er fachmännisch hinzu. Ein bescheidenes »Das stimmt allerdings« von mir entgegennehmend, legte er die Busuki zur Seite und zückte mit sicherer Hand ein Kartenspiel aus dem Halfter. »Lust auf 'ne Runde Quartett?«
Ich hatte Lust, und was für eine. Es war ein Autoquartett, so wie ich es von den Orthopädischen Strümpfen her kenne. 32 Blatt im Hardcase mit seitlicher Perforierung. Josef mischte und verteilte mit flinken Fingern die Karten.
Anfangs hatte ich recht gute: lauter BMWs, Opels und sogar einen Ford Capri in Rallye-Ausführung. Das Spiel

erwies sich als spannend und lehrreich zugleich. Josef war nicht nur ein Virtuose des Saitenspiels. Nein, er verstand sich auch noch auf die Handhabung der Spielkarte.[22] Geschmeidig tanzten seine Finger, und am Ende zwang er mich mit einem lindgrünen Mercedes 200 Diesel in die Knie, der 1.560 Kilo auf die Waage brachte (und mein Porsche nur 911). Als guter Verlierer bekannt (vor allem unter den Strümpfen), bedankte ich mich für die Belehrung und das faire Spiel.
»Morgen wieder hier? Selbe Zeit?«
Ich nickte. »Dann aber mit meinem Katzenquartett!«
Jupp war einverstanden, trank schnell noch aus und verschwand im Halbdunkel der heraufziehenden Morgendämmerung. Eine Weile blieb ich noch sitzen, um über diese Begegnung nachzudenken. Wer war dieser Mann? War er überhaupt einer? Wenn nicht, warum spielte eine Krankenschwester so gut Busuki? Und warum hatte mein Porsche so wenige Bruttoregistertonnen? Aber es blieben allzu viele Fragen offen, und ich war müde, so daß ich mich auf den Weg zu meiner Herberge machte.
Den nächsten Tag verbrachte ich am Strand und knüpfte Freundschaftsbändchen für meinen Kollegen Wolfgang Petry. Aber immer wieder mußte ich dabei an die Begegnung mit dem Phallos denken. Was das wohl für 'ne Type war?
Als die Abenddämmerung anbrach, kehrte ich wieder zurück. Und wieder hörte ich schon von weitem das mir vertraute »Leileileilei« erklingen.

[22] *Josef war derart erfahren im Autoquartett, daß er sich sogar seine Karten hatte tieferlegen lassen.*

Ich bog um die Ecke zur Mole, und da saß er. Zu meiner Verwunderung sah er heute ganz anders aus. Als ich näherkam, erkannte ich, daß er diesmal die Uniform eines Verkehrsschutzmannes trug: auf dem Haupt eine weiße Mütze und um den Hals eine Trillerpfeife. Ihm zur Seite lag auf einem Tisch die weiße Verkehrsschutzmannskelle, auf der in einem roten Kreise in weißen Lettern »Halt« geschrieben stand. Unbeirrt führte Josef auch diesmal sein Saitenspiel fort, bis sich wieder alles um mich herum zu drehen begann und ich die gleichen Bilder wie am Vorabend sah. Abrupt verstummte sein Spiel, und schwupps, war ich wieder in dieser Welt. Melodientrunken nahm ich sein Glas entgegen, dankte wiederum und reichte es meinen – ach nein, die Jünger waren ja nicht da. Nach einem großen Schluck harzigen Rebensafts drückte er auch mir eine Busuki in die Hand, und wir sangen und spielten bis zum Morgengrauen die himmlischsten Melodien, ohne ein einziges Wort dabei zu wechseln. Bevor wir auseinandergingen, zückte ich mein Katzenquartett und wurde auch in dieser Königsdisziplin von Josef vorgeführt. Erschöpft begab ich mich schließlich in mein Quartier, nicht ohne mit ihm eine weitere Verabredung für den nächsten Abend getroffen zu haben.

Am folgenden Tag am Strand gingen mir dieselben Fragen durch den Kopf wie schon tags zuvor. Abends dann trafen wir uns zur verabredeten Stunde am selben Ort wieder. Josef fragte mich, ob ich mit ihm aufs Festland kommen wolle: »Du, wir können dort gemeinsam viel Geld verdienen, in den Straßen von Piräus.«

Heute trug er einen Tankwartsanzug. Neben ihm stand

ein roter BP-Tankwartseimer, in dem ein Schwamm am Stiel steckte, wie man ihn zum Scheibenwischen benutzt. Ich war drauf und dran, ihn endlich zu fragen, was das mit der Maskerade zu bedeuten hatte. Doch andererseits wollte ich ihm ja auch nicht zu nahe treten, denn schließlich kannten wir uns doch erst drei Tage. Aber ich hatte Lust, ihm zu folgen,

»Eine großartige Idee. Wir zwei fahren irgendwo hin, nach Piräus«.

Ich hatte ohnehin vorgehabt, auf meinem Rückweg dort haltzumachen. Ich kenne viele fahrende Musikanten, die in Piräus einmal ganz klein angefangen hatten und nun in großen Villen wohnen. Wieder musizierten und quartetteten Josef und ich die ganze Nacht. Für den nächsten Morgen verabredeten wir uns zur Abreise an der Brücke am Quai.

Wir bestiegen die Fähre und ließen das malerische Inselörtchen hinter uns. Während das Boot schaukelnd durch die Wellen glitt, wurde Jupp (so nannte auch ich ihn fortan) mehrmals von mitreisenden Touristen angesprochen, ob er ihnen mal kurz die Haare kurz schneiden könnte. An den Scheren und Bürsten, die aus seinem Kittel lugten, seinem Teint und seiner Dauerwelle vermeinten sie zu erkennen, daß er eine Frisöse war. Er hatte sogar einen Fön dabei. Ich begab mich zum Bug des Schiffes und lachte ein bißchen mit den Möwen. Als Jupp mit dem Coiffieren fertig war, gesellte er sich zu mir. Ich konnte mich nicht länger zurückhalten und stellte ihm all die Fragen, die mir seit Tagen auf der Zunge brannten.

»Sag einmal, Jupp«, begann ich vorsichtig, »warum hast

du eigentlich jeden Tag einen anderen Beruf? Und warum wird mir immer ganz schummrig, und ich sehe diese alten Bilder, wenn du dein Busuki-Solo spielst? Und warum hast du mich selbst bei meinem Katzenquartett besiegt?«
Jupp schaute mich an, so als ob er diese Fragen schon lange erwartet hätte.
»Mein lieber Guildo, das ist eine lange Geschichte, eine sehr lange sogar.«
Die Möwen kreischten im Wind, und Jupp begann zu erzählen. Von seinen Eltern, einem alten griechischen Gott und einer kaufmännischen Angestellten. Sein Vater sei Hermes, der weltbekannte Götterbote, Hüter der Muse, der Kurzweil und des Kartenspiels, und seine Mutter Berufsberaterin beim Arbeitsamt in Soest. Als Sohn eines Gottes sei er, Jupp, nun mal unsterblich. Da Götter und Halbgötter aber leider heutzutage keine richtigen Aufgaben mehr hätten, sei ihm vom Obergott Zeus auf Anfrage höchstpersönlich eine Arbeitsstelle als Statue im altgriechischen Museum von Rhodos zugewiesen worden.
»Das war am Anfang wirklich nett, weil ich dort eine ruhige Kugel schieben konnte, wurde aber dann doch recht schnell langweilig. Außerdem empfand ich es als extrem anstrengend, meine Erektion über die gesamte Öffnungszeit zu halten.«
Irgendwann hatte Jupp dann sein Busukispiel vermißt, das er in der Antike immer so leidenschaftlich ausgeübt hatte. Eines Tages kam er auf die Idee, Urlaub zu beantragen. Zeus reagierte hierauf zunächst etwas verstimmt, bis Jupp ihm erklärte, daß er sich als Sohn des Hermes

der Tradition verpflichtet fühle, die Menschen musikalisch zu unterhalten.
»Nun, du Sohn eines Gottes und einer Beamtin im mittleren Dienst«, sprach darauf Zeus, »nicht nur der Beruf deines Vaters ist ein ehrbarer, sondern auch der deiner Mutter. Du sollst Vater und Mutter ehren, und dafür wird dir fortan ein unbezahlter Urlaub von vier Wochen im Jahr gewährt. So arbeite nun nachts in der Tradition deines Vaters, und am Tage pflege die Mission deiner Mutter. Unterhalte die Menschen am Abend mit deiner Busuki, und tagsüber berate sie und hilf ihnen bei der Ausübung ihrer Berufe, und zwar jeden Tag in einem anderen. Und nun geh hin!« Sprach es, und stempelte seinen Urlaubsantrag ab.
Der Halbgott Jupp und ich verbrachten eine himmlische Zeit in Piräus und verdienten furchtbar viel Geld bei unserem allabendlichen Straßenmusizieren. Ich kaufte davon für meine Mutti ein Beautycase mit der Akropolis drauf, und Jupp zog neue Saiten auf. Den Rest brachte er mit den Frauen durch. Aber bald war sein vierwöchiger Urlaub zu Ende, und er mußte zurück ins Museum nach Rhodos. Mit Tränen in den Augen verabschiedeten wir uns und gelobten einander, auch einmal in meiner Heimat gemeinsam zu musizieren. Bald darauf trat ich ebenfalls die Heimreise an, zurück nach Hause an die Mosel. Auf der Überfahrt gingen mir ohne Unterlaß Jupps Busukiweisen durch den Kopf, und ich verarbeitete sie schließlich in einem Lied zu seinem Gedenken.
»Ich hör' Busuki spielen, bei Tag und Nacht hört man sie klingen.
Leileileilei Leileileilei Leileileilei Leileileilei …«

Ich habe im Urlaub schon die verrücktesten Dinge erlebt und interessante Menschen kennengelernt. Wenn ich anderen davon berichte, wird mir oft nicht geglaubt. Und auch ich selbst weiß bei längerem Nachdenken manchmal gar nicht, was ich davon halten soll. Sei's drum. Genießen wir doch einfach die schönen Dinge des Lebens, auch wenn sie nicht erklärbar sind.

Meine Groupies

Es kann festgestellt werden, daß die meisten Fans von Stars andersgeschlechtliche Wesen sind, obwohl sich in meinem Falle gelegentlich auch der ein oder andere fesche Bub daruntermischt. Die sogenannten Groupies erfreuen sich nicht nur an der sogenannten Sangeskunst des Künstlers, sondern finden auch Gefallen an der Beschaffenheit seines Leibes. Zuweilen aber bewundern sie das Objekt ihrer Begierde auch aufgrund seines Bewegungstalents, das sich gelegentlich beim exzessiven Tanze offenbart. Ein Fan ist in der Annahme, daß sein Star eine gute Partie für ihn wäre, und deshalb stets bestrebt, an ihn heranzukommen. Auch bei mir haben das schon einige versucht, insbesondere Frauen.

»Groupies« ist ein Begriff aus dem anglophonen Sprachraum, der die libidinöse Affinität eines Mädchens oder »Girls« zu einer bestimmten Musikcombo oder einem Einzelinterpreten bezeichnet. Manche Groupies schreiben mir ganz süße Briefe und stecken sogar Photographien mit ins Couvert, die sie z. B. beim Baden am See oder bei sportlichen Aktivitäten, also schwitzend, zeigen. Andere wiederum reisen mir zu meinen Konzerten nach und rufen dann aus der ersten Reihe: »Hallo Guildo!«

Einige gehen in ihrer Verzückung gar noch weiter und werfen Steifftiere oder selbstgebackenes Naschwerk auf die Bühne. Es ist sogar schon vorgekommen, daß sich ein paar entrückte Weibsbilder vom Rausch der Sympathie getragen, ihre Miederhosen vom Leibe rissen, um sie mir auf die Bühne zu werfen. Solches Gebaren finde ich allerdings nicht so toll, denn die Unterwäsche ist oft derart glibberig, daß man darauf ausrutschen und zu Fall kommen kann. Außerdem mache ich mir immer gleich Sorgen, daß sich die Mädchen verkühlen könnten, wenn sie da unten nichts anhaben, und dann vergesse ich vielleicht plötzlich den Text oder so ...

Klar, daß bei einem wie mir die Fans verrückt spielen *(Foto: Steffen Jagenburg)*

Aber es ist trotzdem immer wieder schön, wenn so viele Menschen einen mögen. Soweit es sich einrichten läßt, nehme ich mir die Zeit, um einige Stunden mit meinen

Groupies zu verbringen. Wir unternehmen dann etwas gemeinsam, oder ich besuche sie gleich zu Hause im »Mutter-Rosa-Seniorenheim«, um mit ihnen in ihrer heimischen Umgebung Scrabble, Nachlaufen oder Flaschendrehen zu spielen.

Mittlerweile ist es gar zur Tradition geworden, daß ich freitagsnachmittags ganz für sie da bin. Dann ist nämlich Tanztee angesagt. Insbesondere den Foxtrott schätze ich sehr, weil man dabei sehr gut aus sich herausgehen kann. Die Mädels sind wirklich immer reizend zu mir und überlassen mir aus Dankbarkeit manchmal sogar einen frischgebackenen Hefezopf, den ich dann in ihnen tunken soll (oder so). Doch ich bevorzuge den Tanz.

Schlimme Fingerinnen unter den Groupiemädchen kommen extra zu unseren Konzerten, um uns in der Garderobe beim Umziehen zu beäugen. Sie achten allerdings auch stets darauf, daß niemand Unbefugtes außer ihnen durch den Künstlereingang zu uns durchdringt und helfen anschließend unserer Anita gar beim Bühnenabbau. Die Adrettesten dürfen dann nach vollendetem Konzert zu mir in die VIP-Lounge, wo wir im Wörlpuhl neckische Spielchen treiben. Hier werden Freundschaften fürs Leben geknüpft, zum Beispiel die mit Maria P.[23], die ebenfalls bei einem solchen »Schnapp-das-Horn« entstanden war. Das nächstemal begegneten wir uns auf dem Centercourt. Ich war zu diesem Zeitpunkt Tennislehrer im Gerontobereich, also viel damit beschäftigt, junge Talente über 65 sozusagen

[23] *Der Name ist der Redaktion bekannt.*

auf dem zweiten Bildungsweg zurück an die Weltspitze zu führen. Maria, oder besser gesagt Mary (die im übrigen nicht gepierct war), hatte bei mir ein paar Stunden gebucht, weil sie ihre Rückhand verbessern wollte. Die Ballmaschinen waren ihr mit den Jahren zu schnell geworden. Irgendwie war da sofort etwas zwischen uns, so eine besondere Bespannung, vielleicht am besten zu vergleichen mit dem Plopp beim Aufschlag, wenn man den Ball so richtig getroffen hat. Ich bin mir sicher, ein jeder von euch kennt dieses Gefühl. Von da ab gingen wir öfter gemeinsam aus. Ich holte sie freitags nachmittags immer im Mutter Rosa ab, und wir gingen zum Tanztee ins Café Platzerl. Mary schrieb mir seitenlange Briefe mit Blümchen an den Rändern, von ihr selbst gemalt. Wir philosophierten viel über die Problematik der Vierer-Abwehrkette und darüber, was eigentlich das Wort »Hallo« bedeutet. Einmal schickte sie mir sogar eine Locke von ihrem Haupthaar. Sie muß es sich vom Munde abgespart haben. Ich war bis ins Mark gerührt.

Abends schlich ich mich unter ihren Balkon im Wohnheim und überraschte sie mit einer zärtlichen Melodie: »Du kannst nicht immer 17 sein«.

Es war der Beginn einer langen Freundschaft, der Beginn einer Beziehung, wie ich sie mit Worten nicht zu beschreiben vermag. Obwohl da nie etwas zwischen uns gelaufen ist, ich meine im geschlechtlichen Sinne. Sie hat zwar ein paarmal bei mir übernachtet, dabei auch in meinem Bett geschlafen, aber wir haben nur gekuschelt. Ehrlich. Etwas anderes könnte ich mir in meiner Position als Star auch überhaupt nicht leisten.

Nachher heißt es sonst wieder in jeder Glanzzeitschrift »Guildo Horn – wieder auf einer Seniorin gesichtet!« Nein **danke**, ich bin kein Boy für eine Night.

Domian und Roy

Manchmal weiß ich nicht, träume ich, oder ist es wahr. Das ist dann einer jener Augenblicke zwischen Himmel und Erde, wo es um Zeichen und Wunder geht. Ich lag im Bett, zwischen Traum und Wirklichkeit, es war schon nach Mitternacht, vielleicht ein Uhr. Draußen tobte ein schweres Gewitter, der Regen hämmerte auf das Dach, und der Wind peitschte um die Mauern des Anwesens. Über dem Feld sah ich Blitze niedersausen und einen Dampf aus Nebel, Regen und Licht, der das ganze Tal einhüllte. Normale Menschen fangen in solchen Momenten an zu beten. Ich aber, der ich auf dem Olymp stehe, kann mich ja nicht selber anbeten. Ich fühle mich dann einsam und habe große Sehnsucht nach einem höheren Wesen. Einem Wesen, das (genau wie ich) Leben retten und Hoffnung spenden kann. Einem Wesen, das für einen da ist, wenn man Not leidet und Licht spendet, wenn man im Schatten steht.

Ein solches Wesen ist Domian. Und in solchen Momenten ist Domian[24] der einzige Ausweg. Ich brauchte einen

[24] *Domians »Call in«-Sendung, in der er die Probleme der anrufenden Zuschauer bespricht, läuft jede Nacht um 1.00 Uhr im WDR-Fernsehen und im 1Live-Radioprogramm.*

Ausweg. Denn ich, der immer stark sein muß, und ein Vorbild für andere, der immer saubere Unterwäsche tragen muß und ein Lächeln auf den Lippen – ja auch ich sehne mich nach jemandem, der mich versteht, weil er genau wie ich anders ist als die anderen Menschen.

D: Hallo, hier ist 1Live, das Talkradio. Wir haben heute wieder offenen Abend. Das heißt, ihr könnt zu jedem Thema anrufen. Unser erster Anrufer heißt Guido und ist 44.

Hallo Guido.

G.: Guildo.

D.: Sorry, also Guildo, dein Thema …

G.: Ich, ich. Also ich stehe am Scheideweg.

D.: Ich glaub', das mußt du uns mal genauer erklären. Fang doch mal von vorne an.

G.: Wo denn?

D.: O. K., Guildo, erzähl doch mal, was bist du von Beruf?

G.: Also, ich bin, ja, ich bin …

D.: Ganz ruhig, Guildo, so schlimm wird's schon nicht sein.

G.: Ja also, ich bin Schlagersänger, aber ich würde das eher Berufung nennen.

D.: Das ist doch schön, wenn dein Beruf auch deine Berufung ist. Bei mir ist das auch so.

G.: Ja, deswegen rufe ich ja auch an, ich wußte gleich, daß wir uns verstehen.

D.: Bist du ***der*** *Guildo?*

G.: Also, dazu möchte ich mich jetzt nicht äußern.

D.: Mußt du auch nicht, aber was meinst du mit Scheideweg? Von wem oder was scheidest du?

G.: Ja, ich weiß nicht, ob du das verstehen kannst, hört sich auch sehr merkwürdig an. Aber ich sag' es mal so: Ich bin kein normaler Mensch.

D.: Sag mal, hast du schon mal darüber nachgedacht, ob du schwul bist?
G.: Was ist das?
D.: Okay, erzähl weiter!
G.: Also, kein normaler Mensch eben. Ich bin was ganz Besonderes. War ich schon immer. Man hat mich auserkoren, den Menschen Freude zu bringen, und das tue ich eben mit dem Schlager.
D.: Aber das ist doch prima!
G.: Ja natürlich. Es gibt nichts Schöneres, als wenn man die Menschen glücklich machen kann. Das machst du ja auch. Aber bei mir hat das ganz schlimme Dimensionen angenommen. Ich glaube manchmal, daß ich die Last, die auf meinen Schultern liegt, nicht mehr alleine tragen kann.
D.: Was denn jetzt, Freude oder Last?
G.: Ja, ich erkläre dir das mal so: Die ganzen Jahre habe ich den Menschen Freude bereitet, ihnen über die schwierigen Zeiten hinweggeholfen. Die Leute folgen mir. Aber was ist, wenn ich fehle? Das hätte katastrophale Folgen: viele, ja sehr viele gebrochene Herzen.
D.: Langsam erkenne ich dein Problem, Guildo. Das ist ja ungeheuerlich! Wer hätte das gedacht.
G.: Kannst du mir helfen, Domian? Du hast schon so vielen Menschen geholfen. Den vielen armen Sünderlein, allen hast du geholfen. Nun hilf auch mir!
D.: So einfach geht das nicht. Diese anderen Menschen, das sind normale Menschen. Du aber, das weißt du selbst, du bist nicht von dieser Welt.
G.: Was heißt das? Domian, du kannst mich jetzt hier nicht allein lassen!

D.: Tu ich ja nicht, aber du mußt mir schon etwas Zeit zum Nachdenken geben.

G.: Was soll das heißen, »Nachdenken«? Du bist doch der Domian.

D.: Ja eben, und du bist der Guildo, das ist auch für mich neu, das mußt du verstehen.

G.: Und wie soll es jetzt weitergehen?

D.: Es muß weitergehen, Guildo. Die Menschen lieben dich, sie brauchen dich, sie können ohne dich nicht mehr leben.

G.: Ich weiß. Aber das ist es ja gerade.

D.: Du darfst nicht zweifeln an dir und deiner Mission. Der Kreuzzug der Zärtlichkeit ist noch nicht zu Ende geführt.

G.: Domian, laß diese Porz[25] an mir vorübergehen.

D.: Das kommt gar nicht in Frage, Guildo, das kann ich nicht, du mußt dich deiner Bestimmung stellen.

G.: Was weißt du schon von meiner Bestimmung? Was ich durchgemacht habe? Nie durfte ich sein wie die anderen Kinder. Immer war ich etwas Besonderes; immer besser, zum Star geboren. Alle anderen haben früh das Handtuch geschmissen. Wo sind sie denn, die Heintjes unserer Zeit? Und dann noch die Sache mit Roy Black, du weißt schon …

D.: Guildo, willst du darüber reden?

G.: Ja, eigentlich hab' ich im Vorgespräch gesagt, daß ich dazu nichts sagen will, aber ich glaube, daß ich endlich mal darüber reden muß.

D.: Also, wie war denn das damals mit Roy Black?

G.: Der Geist kam auf mich zu, er war ganz in Weiß und hatte einen Blumenstrauß dabei. Als er mich küßte, war

[25] *Trinkgefäß für das in der Trierer Gegend so beliebte Apfelweingetränk »Viez«.*

mir klar, daß es von nun ab meine einzige Aufgabe ist, mich in die Herzen der Menschen zu singen, das Erbe von Roy Black anzutreten.

D.: Also Guildo, so kommen wir nicht weiter. Diese unglaubliche Geschichte mit Roys Geist und dir stand damals in allen Zeitungen und wurde sogar auf deiner ersten CD[26] *thematisiert. Zu mir mußt du jetzt wirklich ehrlich sein, oder wir können es gleich bleibenlassen!*

G.: Aber so ist es doch gewesen! Das ist nicht fair! In deiner Sendung rufen alle möglichen Leute an, erzählen dir etwas von merkwürdigen Erscheinungen und sogar darüber, wie sie mit ein paar Kilos gutem deutschem Hackfleisch Liebe machen, und ausgerechnet meine Geschichte soll nicht wahr sein?

D.: Jetzt bist du nicht fair. Ich versuche halt, Menschen zu helfen.

G.: So hilf auch mir!

D.: Okay, okay, fangen wir mal anders an. Was war das denn für ein Gefühl, als der Geist von Roy Black in deinen Körper eingedrungen ist?

G.: Weiß ich nicht mehr.

D.: Wie bitte?

G.: Ja, ich weiß es nicht mehr, er war halt da, und boing, war er in mir.

D.: Und du bist dir sicher, daß du dann den Geist von Roy Black in dir ... wie soll ich sagen? ... mit dir herumgetragen hast? Ich kann dich ja verstehen, daß das mit dir alles etwas anders ist, als man es sonst so kennt. Aber du mußt mich schon verstehen, daß ich da nicht so ganz mitkomme.

G.: Wie soll es denn sonst gewesen sein? Hast du eine

[26] *»Rückkehr nach Mendocino«.*

andere Erklärung? Wie sonst hätte Roy Black weiterleben sollen? Wer außer mir wäre geeignet gewesen, sein Erbe anzutreten?

D.: Das klingt schon irgendwie logisch ... mmmh, so hab' ich das noch gar nicht gesehen.

G.: Siehst du! Ich hatte gar keine andere Chance, ich bin eben auserwählt. Der Geist ist da, ob ich nun will oder nicht. Die Menschen haben ein Recht auf dieses Erbe. Und ich habe schwer zu tragen.

D.: Ich glaub', ich weiß jetzt, was los ist. Ich glaube, ich kann dir helfen. Hör mir zu! Ich denke, daß du da eine sehr große Verantwortung übernommen hast, und das ehrt dich sehr, weil du es ja für die Menschen machst. Auf der anderen Seite denke ich, daß die Menschen, die dich verehren, ***dich*** *lieben, dich und nicht nur diesen Geist.*

G.: Wie kommst du darauf?

D.: Also ich zum Beispiel war nie ein Roy-Black-Fan.

G.: Also bitte, Domian, paß jetzt auf, was du sagst!

D.: Guildo, du weißt, daß ich immer ehrlich bin, auch wenn es unpopulär klingen mag. Aber ich bin eben ich. Die Leute müssen mich nehmen, wie ich bin. Jetzt aber zurück zum Thema: Obwohl ich nie ein Fan von Roy Black gewesen bin, finde ich das, was du machst, richtig gut. Ich glaube, daß das vielen Menschen so geht. Sie sehen dich, und sie wollen dich. Der Geist tritt immer mehr in den Hintergrund. Ich glaube, du solltest dir einfach nicht mehr so viele Gedanken darüber machen. Hab Vertrauen in dich.

G.: Meinst du wirklich? Ich kann doch nicht einfach den Geist verleugnen.

D.: Sollst du ja auch nicht. Aber der Geist muß sich dir unterordnen und nicht du ihm. Schließlich bist du derjenige, der den Kreuzzug der Zärtlichkeit führen muß. Es nutzt der ganzen

Sache überhaupt nichts, wenn du dich mit Schuldgefühlen plagst. Kannst du damit was anfangen, Guildo?
G.: Ich höre deine Worte, ja, ich höre sie.
D.: Nun zieh hinaus in die Welt. Sie braucht dich! Alles klar?
G.: Ich glaube, wir haben uns verstanden. Du brauchst mich jetzt auch nicht mehr an die Psychologin weiterzuverbinden.
D.: Ich weiß, Guildo, ich weiß.
G.: Glaubst du, Domian, daß dies der Beginn einer wunderbaren Freundschaft ist?
D.: Ja, Guildo, das glaube ich.
G.: **Danke!**

Aus dem Hintergrund hörte ich die Musik des Abspanns. Ich weiß nicht mehr, ob ich einschlief oder die ganze Zeit bereits geschlafen hatte.

*»**Danke!** Guildo Horn! Du hast mir meine Jugend zurückgebracht. Durch den deutschen Schlager, den ich damals so toll fand und heute wieder liebe.« Jürgen Domian (Foto: WDR)*

Guildo für Millionen

Der Wind pfiff mir durchs offene Haar. Die Geier hatten meine Spur aufgenommen. Ein letzter Schluck aus der Wasserflasche. Gerade eben noch war ich den Daltons entwischt. Sollte ich N'tschotschi jemals wiedersehen? Manchmal war es nicht einfach, der Häuptling der Apachen zu sein. Ich hoffte, daß das alles nur ein böser Traum war. Und es war einer.

Doch manchmal ist es auch nicht einfach, ein Star zu sein. Ich weigerte mich aufzustehen. Morgens um sieben ist die Welt noch in Ordnung. Aber jetzt war es Viertel nach sieben, und der Tag hatte seine Unschuld verloren. Die ganze Nacht über hatte ich schlecht geträumt, und ich konnte nur hoffen, daß der gestrige Abend auch wirklich stattgefunden hatte. Doch da waren sie: Auf dem Nachttisch des Hotelzimmers standen die Blumen, die mir gestern eine alte Frau geschenkt hatte. Und auf einmal kam mir wieder alles in den Sinn.

Drei Tage hatte ich in Berlin verbracht, um mich auf den großen Augenblick vorzubereiten: meinen ersten Auftritt in der ZDF-Hitparade.

Meine Haut war schon ganz schrumpelig von den vielen Sitzungen, die man als Hitparaden-Interpret im whirligen Sprudelbad absolvieren muß. Für alle Teilnehmer gelten dieselben harten Bedingungen. Zuerst der moderne Dreikampf für die Ü-Vierzig, bestehend aus Sauna, Sonnenbank und eben diesem Wöhrlpuhl. Die ZDF-Hitparade ist eben ein Jungbrunnen, und wenn wir auf der Bühne stehen, sehen wir alle gleich aus. Nur die Stimme soll zählen und das, was sie das Herz erzählen läßt.

Ich war das Green-Horn, aber »Onkel« Jürgen Drews hatte diese thermale Hitparaden-Vorbereitungsprozedur bereits so oft durchschritten, daß er mittlerweile wirklich mit allen Wassern gewaschen war. Während meine Horn-Haut sich rosa verfärbt hatte, stand der Jürgen da als Mann aus echtem Schrot und Kornfeld. Ich dachte schon, der schwierigste Teil des Wettbewerbs läge hiermit hinter uns, und sah die Bühne gleich einer Zielgeraden bereits vor mir. Doch die nun folgende Disziplin hatte ich wohl unterschätzt, und die sollte sich als nicht unbedeutend für die Plazierung in der Hitrangliste herausstellen. Auf ging's zur Maske. Maniküre, Pediküre, mein Deckhaar wurde gelichtet, Speckmasse aufgetragen. Das Auge hört mit. Doch auch die Stylistin von Herrn Drews hatte nichts dem Zufall überlassen. Als wir den Maskenraum verlassen hatten, erkannte ich Jürgen zunächst nicht wieder.

Auch die Damenmannschaft hatte einigen Boden gutgemacht. Nachdem ihre Spielführerin Wencke Myrre fertig geschminkt den Spiegelraum verließ, um sich einem Glas Söhnlein Brillant mit Orangensaft zu widmen, wurde sie mit Hinweis auf das Jugendschutzgesetz um Vorlage ihres Personalausweises gebeten. Daraufhin überreichte ihr Uwe Hübner verdientermaßen das rosa Trikot des Etappensiegers, und Andy Borg ließ die Korken knallen.

Auf meine Combo ist Verlaß *(Foto: Steffen Jagenburg)*

Noch war alles offen, aber ich mußte jetzt härtere Bandagen anlegen. Das große Finale stand bevor. Das Volk forderte den Einzug der Gladiatoren. Stundenlang hatten die Menschen bereits vor der Tür und der angrenzenden ZDF-Cafeteria um die besten Plätze gekämpft. Nun scharrten sie auf den Sitzrängen des berühmten Hitparadenstudios mit den Füßen. Und aus den Katakomben der goldenen Schlagerarena stieg der heiße Odem des Dieter Thomas Heck empor.

Uwe Hübner, der das Hecksche Erbe angetreten hatte, eröffnete den Abend. Ich stand hinter der Bühne in den

Startlöchern. Nach Wencke war ich dran. Ich hatte mich für den türkisblauen Acrylpullunder entschieden, den ich seit meiner Jugendzeit nicht mehr getragen hatte und aus dem ich schon etwas herausgewachsen war. Außerdem hatte ich mir vorgenommen, während meines Auftrittes die vom Publikum gesäumte Treppe hinunterzuschreiten und mir die Blumensträuße meiner Fans direkt abzuholen. Eine Aufnahmeleiterin postierte mich aber auf einer kleinen Bühne, während Wencke auf einer anderen bereits ihr Lied vortrug (den Titel habe ich vergessen). Und plötzlich ging alles ganz schnell. Uwe Hübner kündigte mich an, die Kameras schwenkten in meine Richtung, und die Scheinwerfer leuchteten so hell auf, daß ich völlig geblendet war. Mein großer Augenblick war gekommen, und ich konnte ihn nicht einmal sehen! Millionen Menschen schauten mir jetzt zu, und doch fühlte ich mich allein. *Mama!* dachte ich nur, aber sie konnte mir jetzt nicht helfen. Ich dachte an Wicki, den Wickinger, der in solchen Situationen immer die rettende Idee hatte, und an Scottie, den Wegbeamer, der in der Lage ist, dich aus jeder auch noch so brenzligen Situation verschwinden zu lassen.[27] Aber über meinem Haupt sprühten weder Sternchen einen Geistesblitz aus, noch verwandelte sich mein Körper in Antimaterie. Das also war das berühmte Lampenfieber, von dem die Stars zu erzählen pflegen. Auf dem Schlagerolymp ist die Luft wirklich dünn. Tief atmete ich durch, dann dachte ich an Steffi und hielt mich an meinem Tennisschläger fest.

[27] *oder Lieutenant Uhura*

»Schon allein, wie sie die Vorhand schlägt, ob Longline, ob Cross.« Dann setzte das Playback ein.
Jetzt sah ich nur noch sie: »In jedem Endspiel kann man sie sehen, der Sieg scheint gewiß, wer kann ihr widersteh'n.«
Langsam schritt ich in Richtung Publikum, immer weiter aus dem Scheinwerferlicht heraus. Und dann konnte ich wieder etwas erkennen. Zuerst waren es nur die Umrisse einer blonden Frau.
Steffi? Hier?
Ich legte den Tennisschläger beiseite und näherte mich dem Mädchen, das sich bei genauerer Musterung allerdings als wackere Seniorin im adretten Abendkostüm mit Perlenkette erwies. Tennis hält jung.
Egal. Jetzt war die Zeit für meinen Sprechteil gekommen »Hey, Steffi, ich mag dich Steffi. Du bist soooo weich bespannt, und doch schlägt keine härter auf als du«, hauchte ich ihr entgegen. Bevor die Dame zu einem feuchten Kuß ansetzen konnte, mußte ich auch schon weiterziehen. Zum Refrain wollte ich nämlich wieder auf der Bühne stehen.
»Ich mag Steffi, ich mag Steffi, Tennis vom and'ren Stern ...« Und Wicki und Scottie und die Sterne am Himmel waren ganz nah bei mir.
»Ich hab' uns're Steffi lieb. Nanananana.«
Das Publikum liebte sie auch. Da war er also, der Hitparadenapplaus. **Danke!** Und ich sah im Spiegelbild des Kameraobjektivs, wie ein kleiner Junge zu Hause vor dem Fernseher seinen Kassettenrekorder unter meinen Mund hielt. Ich zwinkerte kurz in die Kamera und verbeugte mich anschließend vor dem Publikum im Saal.

Und dann die Blumen! Ich hielt sie hoch wie eine Trophäe auf dem Center Court, und ihr Duft hatte etwas von Erdbeeren mit Schlagsahne. Der TED machte aus mir einen dritten Platz, und sogar die Reporterin einer großen Straßenzeitung kündigte an, mit mir ein Interview zu machen zu wollen. Ich sagte natürlich direkt für den nächsten Tag zu.
Das alles war jetzt erst einen Tag her. Doch mir war jetzt eher nach einer Dose saurer Heringe als nach Erdbeeren. Es hatte doch alles so gut angefangen. Aber das Leben kann oft so grausam sein. Der Abend der Abende war ein Desaster geworden. Ich hatte alles gegeben, doch für der Diether war das nicht genug.
»Ich glaube, wir müssen jetzt mal einen Caro-Kaffee trinken gehen«, sagte er und ich ahnte, daß der Muckefuck einen bitteren Beigeschmack haben würde. »Es hätte dein großer Tag werden können. Geld, Autos, Ruhm und ein sorgenfreies Leben wären dir gewiß gewesen. Aber wie konnte ich nur so blöd sein, an dich zu glauben?«
Eigentlich hatte ich die Blumen dem Diether schenken wollen. Ich hatte ihn an meiner Freude teilhaben lassen wollen, doch damit war es ja jetzt wohl vorbei. Eben noch war ich der glücklichste Mensch der Welt gewesen, doch jetzt hatte ich niemanden mehr. Selbst dem Geknatschten kamen keine aufmunternden Worte über die Lippen. Ich wollte nicht verstehen, warum ein dritter Platz keine große Freude sein sollte, doch der Diether brachte es auf den Punkt.
»Ich kenne nur Gewinner und Verlierer, und du kannst es dir aussuchen. Ein Meister kennt keinen dritten Platz!«

Der Diether mußte es wissen, und ich war ja noch recht neu im Geschäft. »Tut mir leid«, sagte ich leise und traute mich nicht, ihm in die Augen zu gucken.
»Ist schon gut,« sagte er, »und das eben war auch nicht so gemeint.« Er drückte mir einen Storck-Riesen in die Hand, und ich fühlte mich wieder sicher.
Später habe ich der Diether nie wieder so sentimental gesehen. Es war seine Aufgabe, hart zu mir zu sein, aber seit diesem Tag weiß ich, daß auch er ein Herz hat. Mir war aber auch klar, daß ich mir fortan keine Fehler mehr erlauben durfte. Immerhin war ich zuständig für den Kreuzzug der Zärtlichkeit und hatte mir ein großes Ziel gesetzt. Ich wollte den Grand Prix d' Eurovision de la Chanson gewinnen, ein periodisches Ereignis, das man nur mit dem Finale der Fußballweltmeisterschaft vergleichen kann. Ein Ereignis, das die Menschen vieler Länder in Freude vereinigt.
Der Grand Prix hatte schon früh auch mein Leben beeinflußt. Das Zählen bis zwölf in fremden Sprachen habe ich bis heute nicht verlernt. Dort wurden Lieder gesungen, die bis heute auf den Straßen Europas wiederklingen. Dieser Bewegung wollte ich mich zuwenden, um sie in den Dienst meiner guten Sache zu stellen. Der Diether fand die Idee gut, ermahnte mich aber, diesmal nichts dem Zufall zu überlassen.
Zunächst einmal schrieb er absolute Diskretion vor. Wenn die Presse von einer solchen Unternehmung Wind bekäme, hätten wir keine Chance. Außerdem sprach er mein Erscheinungsbild an. Ich hätte mich in den letzten Monaten sehr gehen lassen, fand er, und das müsse sich schleunigst ändern. In der Tat hatte mein

Bäuchlein hatte ein paar Pfunde zuviel, und in meinem Gesicht hatten es sich einige Mitesser eingenistet. So lag ich also an diesem Vormittag im Hotelbett und wußte, daß ich etwas tun mußte. Aber was? Die Presse aus unserem Plan herauszuhalten würde kein Problem für mich darstellen. Ich konnte manchmal schweigen wie ein Grab. Vielmehr beschäftigte mich die offensichtliche Notwendigkeit, mich verschönern zu müssen.
Just in diesem Augenblick rief der Diether an, um mir mitzuteilen, daß er eine Kosmetikerin bestellt hatte, die mich noch am Vormittag in meinem Hotel aufsuchen würde. Noch bevor ich protestieren konnte, hatte der Diether bereits wieder aufgelegt. Wie eine Rakete schnellte ich aufrecht aus dem Bett. Ich war verzweifelt. Noch nie hatte ich etwas mit einer Kosmetikerin zu tun gehabt. Sicher, es gibt Menschen, die das notwendig haben, und ich möchte auch nicht darüber urteilen. Aber ich doch nicht! Wenn man das in unserem Dorf erführe – gar nicht auszumalen! Gerade ich, der sein Äußeres doch stets gepflegt hatte. Seit meiner Kindheit hatte ich mir dreimal täglich die Zähne mit Blendi oder Strahler 70 geputzt, und für mein wallendes Haar benutzte ich Taft, das es mir ermöglichte, an einem Tag drei verschiedene Städte zu besuchen. Zugegeben, der Blick in den Spiegel verhieß zu dieser Morgenstunde wahrhaftig nicht viel Gutes, aber ich wäre auch wirklich nie auf die Idee gekommen, mich in diesem Zustand irgendeinem anderen Menschen zu präsentieren. Gott sei Dank konnte ja niemand ahnen, daß mich am Morgen nach einer solch durchzechten Nacht nicht mal meine Mutter mehr erkennen würde. Denn dieses ande-

re Gesicht war für die Öffentlichkeit tabu, es gehörte nur mir, und selbst das sollte sich jetzt ändern.
Ich ließ ein Bad ein und betätigte mich in Liegestützen, die mir ganz schön den Schweiß auf die Stirn trieben.
Als ich mich gerade entkleidet hatte, pochte es an der Tür. Es war schon öfter vorgekommen, daß der Diether zu früher Morgenstund' seine Aufwartung machte, um mit mir meinen Tagesablauf besprechen. Da der Diether und ich gegenseitig nichts zu verbergen hatten, verzichtete ich auf den Bademantel und öffnete die Tür.
»Hallo, ich bin die Birgit.«
Ich hätte ihr vor Schreck die Tür fast ins Gesicht geschlagen. Mit einer Hand raffte ich die Bettdecke, um mich wenigstens halsabwärts bedecken zu können. »Gestatten, Horn«, quäkte ich eingeschüchtert.
»Ach, ich hätte sie fast nicht erkannt, Herr Horn.« Ein nettes Kompliment! In meiner Not versuchte ich etwas zu stammeln, von wegen innerer Schönheit oder so, gab es aber schnell wieder auf.
»Schön, daß sie da sind.« In solchen Situationen sei eine Notlüge erlaubt.
»Soll ich später noch mal wiederkommen? Sie sehen etwas unpäßlich aus«, bemerkte sie durchaus freundlich, doch ich wollte die Sache schnell hinter mich bringen. Schließlich hatte der Diether sie geschickt. Und eine Kosmetikerin konnte mir ja auch nicht schaden, wollte ich doch den Grand Prix gewinnen. Noch immer stand sie in der Tür, und ich guckte aus der Bettdecke heraus wie aus einem Kasperletheater.
»Eigentlich hatte ich mir gerade ein Bad eingelassen, aber das hat ja Zeit. Kommen Sie doch bitte herein.«

Während sie ins Zimmer trat, lehnte ich mich mit dem nackten Rücken an die Wand. Dann tappte ich, das Bettuch ausgebreitet vor meinen Körper haltend, seitwärts an der Wand entlang, bis ich wie ein Kruzifix in der Mitte des Zimmers stand. Birgit war das gar nicht peinlich. Sie hatte es sich auf der Sitzgruppe bequem gemacht. Ich wußte nicht, wie man sich gegenüber einer Kosmetikerin zu verhalten hatte. Sollte ich mich auf die Couch legen, das Licht ausmachen oder vielleicht eine Schallplatte auflegen?

Ich entschied mich für die Duftkerze. Nun war ich aber gespannt, was sie mit mir vorhatte. »Stört es sie, wenn ich ein Band mitlaufen lasse? Ich möchte ihnen jetzt gerne einige Fragen stellen«, sagte sie.

Zunächst war ich verwundert, hatte ich mir die Herangehensweise einer Kosmetikfachfrau doch ganz anders vorgestellt. Es beruhigte mich aber, daß sie nicht gleich daranging, mir die Pickel auszudrücken, sondern ihr Gegenüber erst einmal kennenlernen wollte. Ein höchst moderner Ansatz, wie ich fand. »Nur zu!« ermunterte ich sie und zupfte an meinen Nasenhaaren.

»Mich interessiert der Mensch hinter Guildo Horn. Wie haben Sie sich gestern abend gefühlt, Herr Horn?«

Ich berichtete ihr vom Jucken an den Fußballen und den Magenproblemen, die mich besonders nach meinem Auftritt geplagt hatten: »Mir war irgendwann so schlecht«, führte ich an, »daß ich während der Feier mit den Schlagerkollegen den ganzen Abend über pupsen mußte. Ich glaube aber, daß ich das ganz gut vertuschen konnte, weil ich jedes Tönchen durch einen lauten Lacher übertönt habe.«

Normalerweise spreche ich nicht über solche Dinge, und über die Darmflora schon gar nicht. Aber hier ging es ja letztendlich um meine Gesundheit, und Birgit verstand offensichtlich etwas von ihrem Fach. So ließ ich den Dingen ihren Lauf.

Birgit: »Wollen Sie damit sagen, daß sich Guildo Horn in einer Krise befindet?« Ja, die Birgit, die war nicht dumm. Ich erzählte ihr, daß ich mich jetzt dringend verschönern müsse, um den Grand Prix zu gewinnen. Mittlerweile seien der Diether und ich auch zu ungewöhnlichen Maßnahmen bereit, nur die Öffentlichkeit dürfe davon nichts mitbekommen.

»Da sind sie bei mir ja genau richtig«, erklärte Birgit verschmitzt. »Was sind denn das für Dinge, die Sie verbergen müssen?«

»Meine Haare sind gefärbt, ich trage große Plateauschuhe, um meine Größe zu korrigieren, und bei längeren Konzerten muß ich sogar eine Windel tragen, weil ich nicht so lange aushalten kann. Wenn das meine Fans erfahren, bin ich draußen. Erst recht jetzt, wo ich den Grand Prix gewinnen muß.«

Birgit machte sich eifrig Notizen, was mir zeigte, daß sie meinem Problem auf der Spur war. Sie verfolgte offensichtlich einen ganzheitlichen Ansatz, und ich ließ mich bei ihr richtig fallen, wenn ihr versteht, was ich meine. Ich erzählte ihr von den Problemen, die ich mit meiner Postsexualität habe, sowie von der platonischen Beziehung zwischen dem Geknatschten und mir. Ich fühlte mich richtig gut dabei und spürte, daß wir auf dem rechten Weg waren. Nachdem alle meine Geheimnisse erzählt waren, hatte ich das Gefühl, daß ich mich auch

körperlich schon in besserer Verfassung befand. Nur leider mußte Birgit dann gehen.
»Wie geht es jetzt weiter, wann sehen wir uns wieder?« fragte ich.
»Wir können uns gerne morgen wiedertreffen, wenn Sie das dann noch wollen!«
Klar wollte ich. Birgit machte zur Bestandsaufnahme noch ein Photo von mir, auf dem ich meine körperlichen Schwachstellen wie zum Beispiel die Ringe um meinen Bauch und den Ausschlag an den Hüften in das beste Licht rückte. Dann begleitete ich sie zur Tür und freute mich bereits auf morgen. Ich war stolz auf mich und beschloß, es mir den Rest des Tages gutgehen zu lassen. Also stöpselte ich das Telefon aus, hängte das »Bitte nicht stören!«-Schild an die Zimmertür und nahm für den Geknatschten und mich jeweils ein Dolomiti-Eis aus dem Gefrierfach. Dann machten wir es uns auf dem Hotelbett so richtig bequem, spielten Stille Post, und ich las ihm aus meinem Winnetou-Lieblingsbuch vor. Ich genoß das süße Leben in vollen Zügen. Manchmal ist es eben doch schön, ein Star zu sein. Nach diesem wunderbaren Tag des Nichtstuns schlief ich ausgeglichenen Gemütes ein.
Am nächsten Morgen glaubte ich schon wieder, mich in einem schlechten Traum zu befinden. Der Geknatschten war an einen Marterpfahl gebunden und wurde mit dunklen, lauten Schlägen traktiert. Gott sei Dank wachte ich dann doch auf und fand den Geknatschten wohlbehalten unter der Bettdecke wieder. Die lauten Schläge stellten sich als ein wildes Klopfen an der Zimmertür heraus.

Vielleicht war es ja Birgit, die sich mit mir treffen wollte. Diesmal war es aber der Diether. Er stürzte völlig aufgebracht ins Hotelzimmer und lief laut fluchend kreuz und quer herum. »Was hast du dir denn dabei gedacht?« brüllte er mich an und schmiß mir eine Zeitung aufs Bett. Ich griff nach meiner Lesebrille. Die großen Buchstaben auf der ersten Seite trafen mich wie ein Schlag mit einem Donnerbalken.

»DEUTSCHLANDS MUTIGSTER SCHLAGERSÄNGER: GUILDO ZIEHT SICH AUS!«

Neben dem Artikel war das Bild abgedruckt, das Birgit tags zuvor im Rahmen ihrer kosmetischen Analyse von mir gemacht hatte. Ich bekam es mit der Angst zu tun. Jemand mußte Birgit überfallen und ihr den Film, das Band und die Aufzeichnungen entwendet haben.

»Wir müssen Birgit finden«, hauchte ich nur. »Hoffentlich ist ihr nichts passiert!«

»Hier hast du deine Birgit!« knurrte der Diether und drückte auf die Fernbedienung.

Da saß Birgit in der Kulisse des Mittagsjournals vor einem großen Bild meiner Gürtlelrose und erzählte von meinen Wehwehchen. Ich verstand die Welt nicht mehr. »Sollte ich mich so in ihr getäuscht haben?« – »Was hast du denn erwartet, was passiert, wenn du mit so einer Geschichte an die Presse gehst?«

Presse? Plötzlich fiel mir ein, daß ich ja selbst das Interview zugesagt hatte.

»Was für eine Verwechslung!«

»Allerdings«, dröhnte der Diether »Und ich darf gukken, wie wir da wieder rauskommen!«

Mir wurde schwarz vor Augen. »Hilf mir der Diether, hilf

mir!« flehte ich ihn an. Ich konnte mich doch unmöglich je wieder der Öffentlichkeit zeigen, nach einer solchen Blamage.

»Ich muß wohl die Zügel noch ein bißchen strammer anziehen«, meinte der Diether, und es fiel mir kein plausibles Gegenargument ein. »Ab heute bereitest du dich in aller Stille und ganz allein auf das große Ziel vor. Ab jetzt heißt es nur noch: Fasten für den Grand Prix – morgens vier Stunden und nachmittags drei. Ab sofort redest du mit niemand mehr, bis die Geschichte aus der Welt ist. Ich kümmere mich darum, daß sich die Wogen wieder glätten. Wenn du mich machen läßt, redet da bald kein Mensch mehr drüber.«

Der Diether sollte recht behalten. Da stellt man etwas Peinliches an, und irgendwann weiß niemand etwas mehr davon. Wir leben eben in einer schnellebigen Zeit. Und ich lasse nie wieder eine Kosmetikerin ins Haus!

Der Chef, seine Frau und ihr Liebhaber

Nachts, wenn alles schläft, treffen der Geknatschen und ich uns oft noch auf eine Sinalco in meinem Hotelzimmer. Müde von den Strapazen des Tages, machen wir es uns dann auf dem französischen Hotelbett gemütlich und lassen noch einmal die vergangenen Stunden Revue passieren. Wir reißen dann eine Packung Ültje auf oder gar eine Toblerone.
Der Diether kümmert sich stets darum, daß es in meiner Suite auch einen Fernsehapparat gibt. Schon als Kind begeisterten mich die bewegten Bilder. Peter Frankenfeld und Hänschen Rosenthal, Jim Knopf und Lukas der Lokomotivführer, Capitän Kirk und Lieutenant Uhura, Hanni Vanheyden und Plumpaquatsch, Stan und Olli, Villeroy und Boch, ja sogar John-Boy und Jim-Bob waren für mich wie Freunde. Mit dem Kli-Kla-Klawitterbus, der Nautilus, den Raumschiffen Orion und Enterprise, dem feuerroten Spielmobil sowie Herbi, dem verrückten Käferauto, und nicht zuletzt mit der Sandmännchenwolke schwebte ich durch die große weite Welt.
Mittlerweile bin ich ja selbst ein Teil dieser großen weiten Welt, doch die Faszination der bewegten Bilder ist mir bis heute geblieben. Schuld daran ist nicht zuletzt

Oberkommisar Derrick. Der Geknatschten hat einen höllischen Respekt vor ihm. Beide sind wir stets darauf bedacht, keine Wiederholung der alten Folgen zu verpassen. Die Dialoge kennen wir mittlerweile auswendig und sprechen sie laut in verteilten Rollen mit. Ich den Derrick und der Geknatschten den Harry. Der Geknatschten besitzt sogar schon einen eigenen Schlüsselbund und steht immer Gewehr bei Fuß, wenn es darum geht, den Wagen zu holen.

Da wir beide aufgrund unserer abendlichen Konzertverpflichtungen zu Spätsehern geworden sind, haben wir uns auch zu Spezialisten der sogenannten Dauerwerbesendungen etabliert, für uns ein Stück praktische Lebenshilfe. So fühlen wir uns über sinnvolle Neuigkeiten gut informiert. Seit kurzem besitze ich ein 25teiliges Messerset und kann mir heute schon gar nicht mehr vorstellen, wie ich früher ohne ausgekommen bin. Ähnlich geht es mir mit meinem Wok, dem Enteisungsspray sowie natürlich der Abflex-Maschine.

Als Kind war der Fernsehapparat meine Märchenerzählmaschine. Und obwohl sich die Zeiten ansonsten geändert haben, ist das heute noch so. Vor einigen Wochen haben der Geknatschten und ich mal bei Arabella reingeschaut. Dort wurde eine Frau gezeigt, die sich durch das Liebemachen mit ihrem Chef in ihrer Firma Ruhm, Ansehen und ein höheres Gehalt erarbeitet hatte. Dann wurde ihr Freund interviewt, der das mit seiner Frau, die die Sekretärin vom Chef war, ganz prima fand. Dann trat der Chef von der Frau zu dem Freund hinzu, damit alles zu dritt besprochen werden konnte. Arabella erzählte den Zuschauern dann, daß dieser Chef

von der Frau mit dem Freund mit über dreißig Frauen in seiner Firma schon ein sexuelles Abenteuer hinter sich hatte. Vor allem natürlich mit minderjährigen Lehrmädchen. Für einen wie mich, der auf dem Lande groß geworden ist, klingt das natürlich etwas abenteuerlich, doch Arabella trat sofort den Beweis an, indem sie fünf dieser Lehrmädchen von dem Chef von der Frau mit dem Freund im Studio antreten ließ. Diese erzählten dann über die Schande, die ihnen widerfahren sei.
Der Chef von den fünf Lehrmädchen und der Frau mit dem Freund hatte natürlich trotz seiner vielen Abenteuer auch noch ein angetrautes Weib. Diese betrat dann ebenfalls die Szenerie und mischte sich in die Diskussion mit den fünf Lehrmädchen, dem Chef, der Frau und dem Freund ein. Doch damit nicht genug. Wie uns dann erzählt wurde, ging aber auch die Frau von dem Chef von den fünf Lehrmädchen und der Frau mit dem Freund fremd, was natürlich bedeutete, daß Arabella auch den Liebhaber von der Frau, von dem Chef von den fünf Lehrmädchen und der Frau mit dem Freund im Studio vorstellten mußte. Um die Familienverhältnisse noch etwas runder zu gestalten, stellte sich heraus, daß der Mann von der Frau mit dem Liebhaber und gleichzeitig Chef von den fünf Lehrmädchen und der Frau mit dem Freund zusätzlich noch seit Jahren einen männlichen Liebhaber hielt, dem er die Treue versprochen hatte. Arabella wäre nicht Arabella, hätte sie nicht auch den festen Freund von dem Mann mit der Frau mit dem Liebhaber und Chef der fünf Lehrmädchen und der Frau mit dem Freund, der alles prima fand, zu einem Auftritt in ihrer Sendung bewegen können. Am

Ende stand da eine regelrechte Elfecksbeziehung beisammen, die den intimen Rahmen der Sendung gerne nutzte, um ihre eigenen intimen Dinge zu besprechen. Wenn ich solche Sendungen sehe, bin ich immer beruhigt angesichts des relativ geordneten Lebens, welches mir vergönnt ist. Trotzdem scheinen auch Aspekte meines Daseins in den Medien auf gewisses Interesse zu stoßen. So hatte mich etwa Frau Schreinemakers in ihre Sendung eingeladen, obwohl die Geschichte von Roy Blacks Geist, der in meinen Körper eingedrungen ist, im Vergleich zu den Ereignissen bei Arabella ja geradezu unspektakulär erscheint.

Ansonsten habe ich bei meinen Auftritten in der Television oft Pech gehabt. Bei Dalli Dalli bildete ich zusammen mit Michael Holm das Rateteam »Mendocino« und trat gegen unsere jeweiligen Fanclub-Präsidenten[28] an: Leider hatte man zwischenzeitlich den beliebten Schnellzeichner Oskar abgeschafft, auf den wir uns so gefreut hatten. Ein kleiner Trost blieb uns dennoch. Das allseits erheiternde Dalli-Klick-Spiel. Das war spitze!

Auch die Einladung in die Fernsehsendung »Piep!« hatte ich gerne angenommen in der Hoffnung, dort meine alte Freundin Amanda Lear wiederzusehen, mit der man mir seinerzeit eine Affäre angedichtet hatte.[29] Amanda war aber mittlerweile in Rente und wurde durch ihre – so glaube ich – Tochter vertreten, die kurz

[28] *An dieser Stelle, ein herzliches* **Danke!** *an den Präsidenten des Freundeskreises »Guildo Horn und die Orthopädischen Strümpfe«, den ehrwürdigen Peter Dahm.*

[29] *Um die Gerüchte nicht noch zu schüren, haben Amanda und ich vereinbart, keine Statements zu diesem Thema abzugeben. Ich bitte um Verständnis.*

zuvor die Treppe heruntergefallen war. Das junge Ding machte seinen Job aber recht gut. Indessen muß mich der Anblick dieser jungen Dame wohl doch sehr verwirrt haben, was mir am nächsten Morgen von meiner Mutter bestätigt wurde, die seitdem von ihrer Nachbarschaft gemieden wird.[30]

Auch bei Bettina Böttingers »B. trifft« bin ich nur knapp an einem Fettnäpfchen vorbeigetreten. Im ersten Teil der Sendung entlockte mir Frau Böttinger einige Geheimnisse, die ich eigentlich gar nicht hatte erzählen wollen, und befahl mir danach, barfuß in eine Weinpresse zu steigen, um nach traditioneller Methode die Traube zu stampfen. So weit – so gut. In der nächsten Runde des Spiels werden immer zwei Prominente unvermittelt zusammengeführt, die sich dann spontan über ein gemeinsames Thema unterhalten sollen. In meinem Falle handelte es sich um eine Dame namens Hanne Haller, die ich noch nie zuvor gesehen hatte, geschweige denn je etwas von ihr gehört (peinlich!). Bettina schaffte es aber, durch geschickte Moderation herauszuarbeiten, daß es sich bei Frau Haller ebenfalls um eine Schlagersängerin handelte. Somit war die Situation gerettet, und Frau Haller und ich hatten dann doch noch wenigstens die Spur eines gemeinsamen Talkthemas. Am Ende haben wir sogar ein Duett vorgetragen, und das war gar nicht mal schlecht.

Deutschlands Girlie-Wunder Heike Makatsch stattete

[30] *Obwohl sich angeblich die Nachbarn meiner Mutter eine solche Sendung nie anschauen würden, gab es doch ein großes Entsetzen darüber, was sich laut »Piep« bei mir im Zusammenhang mit einem Quelle-Katalog ereignet haben soll.*

mir im Rahmen ihrer gleichnamigen VIVA-Sendung einen »Hausbesuch« ab. Ziel dieser Show ist es, Prominente – in diesem Fall also mich – in ihrer vertrauten Umgebung zu zeigen und bei dem, was sie so gerne tun. Ich freute mich sehr darauf und hatte eigens für Heike eine gemeinsame Fahrradtour durch die schöne Domstadt Trier geplant. Für diesen Zweck besorgte ich ihr sogar ein passendes Girlie-City-Bike. Heike fand die Idee aber blöde. Es war ihr echt zu kalt, und es groovte sie auch nicht so richtig an. So mußte also der komplette Dreh umdisponiert werden. Statt der erhofften Double-Bike-Experience kehrten wir in der good old fashioned Stube meiner Mutter ein – eine schlechte Idee, wie sich später herausstellen sollte. Seit jenem Extreme Hausbesuching nämlich läßt meine Mutter ständig diese »Stand by Your Man«-Platte laufen, wenn ich sie besuche, und liegt mir dauernd in den Ohren: »Warum bringst du dieses nette Mädchen denn nicht mal öfter mit«?

Mittlerweile ist mir aufgegangen, daß das Fernsehen ein sehr wirkungsvolles Medium für den Kreuzzug der Zärtlichkeit ist. Hier kann ich mit meinen Botschaften gleich ein Millionenpublikum erreichen. Außerdem treffe ich in den unterschiedlichsten »Fernsehformaten« immer wieder nette Kollegen und Freunde, mit denen ich gemeinsam musizieren oder in pfiffigen Ratesendungen meinen Geist schärfen kann. Ganz egal, in welche Sendung mich der Schlager auch trieb – stets konnte ich neue Mitstreiter im Dienste der guten Sache gewinnen. Besonders hervorheben möchte ich da Thomas Gottschalk, dem es ihm Rahmen einer privaten Hausparty gelungen ist, mir einen persönlichen Kontakt zu seinen

Freunden Heino und Hannelore herzustellen. Gemeinsam wollen wir nun die Menschen davon überzeugen, Liebe, Zärtlichkeit und Happiness wieder eine Chance zu geben. Es erfüllt uns mit großer Genugtuung, wenn wir beobachten dürfen, wie diese Arbeit Früchte trägt. So können wir beispielsweise voller Stolz vermelden, daß auch die Cindy und der Bert nach unserem Zusammentreffen beschlossen haben, es wieder miteinander zu versuchen. Weiter so!

Obwohl ich in den letzten Jahren schon etliche Fernsehstudios und Hallen bereist habe, ist es mir leider noch immer nicht gelungen, bei einigen meiner Lieblingssendungen dabeisein zu dürfen. Dies gilt insbesondere für das »Gesundheitsmagazin Praxis«, die irre Show »Mosaik« sowie die »Hobbythek« mit Jean Pütz. Und immer noch hoffe ich, daß irgendwann, irgendwie, auch mein größter Jugendtraum in Erfüllung gehen könnte: einmal nur auf die Torwand schießen im »Aktuellen Sportstudio«. Seit Jahren schon bereiten sich der Geknatschten und ich darauf vor. Er steht im Tor, und ich dahinter.

Der Kreuzzug der Zärtlichkeit im Alltag

Bürger fragen, Herr Horn antwortet

Foto: Steffen Jagenburg

»Ich bin 11 Jahre alt und hatte noch nie Geschlechtsverkehr. Ist das normal?«
(Kirsten Mayer, 11, Realschülerin aus Kusel)

Antwort:
Auch zu meiner Zeit gab es schon die Bravo. Selbst ich habe da bisweilen mal durchgeblättert und mir diverse Bilder angeguckt, wobei das immer einen wissenschaftlichen Hintergrund hatte. Natürlich nehme ich mich den Nöten jüngerer Menschen an, bin aber zu der Erkenntnis gereift, daß geschlechtliche Liebe nicht wichtig ist. Solltest du dich dennoch nach des Fleisches Lust sehnen, rate ich dir zu sinnvollen Tätigkeiten, die dich auf andere Gedanken bringen. Bewährt hat sich in solchen Fällen der Ballettsport, Ponyreiten, Seilspringen oder die Strickliesel.

»Hilfe, ich bleibe immer mit meinen Fingernägeln in der Rauhfasertapete hängen.«
(Marion van der Klaub, 8, Lageristin aus Donaueschingen)

Antwort:
Dies ist ein Problem, das ich öfter zu hören bekomme. Liebe Marion, zuerst muß ich dir beichten, daß auch ich selbst schon öfter mit meinen Fingernägeln in Rauhfasertapeten hängengeblieben bin. Die Tapete ist hier meines Erachtens mehr als ein Sinnbild zu betrachten. Ein Zeichen, das uns alle anmahnt, nicht allzusehr an den materiellen Dingen des Lebens zu hängen. Wir müssen lernen, auch einmal loszulassen. Deshalb wohl auch

diese Rauhfaser, das Gegenstück zum Feinfasrigen. Außerdem ist die Welt, in der wir leben, doch auch rauh. Und vor allem schnellebig!
Versuch vielleicht einmal, deine Räumlichkeiten mit einem Phono-Kopfhörer auszupendeln. Ich vermute nämlich, daß deine Rauhfasertapeten an einer Wasserader hängen und du sie woanders befestigen mußt.

»Herr Horn, was passiert mit dem, der anderen eine Grube gräbt?«
(Stefan Djordjewic, 34, Finanzmanager aus Delmenhorst)

Antwort:
Wer anderen eine Grube gräbt, fällt selbst hinein.

Herr Horn: »18?«
(Volker Hermandung, 45, Skatclub »Herz-Dame«, Hinter der Grube 16, Dortmund)

Antwort:
20

Herr Horn, ich stehe hier gerade auf der Chausseestraße. Mein Mitspieler Thorsten hat dort ein Hotel und vier Häuser errichtet. Bente meint, ich müßte Thorsten nach dem Regelwerk 11 000,– DM für das Hotel und 9 000,– DM für die Häuser bezahlen, also zusammengerechnet 20 000,–. DM Weil ich Evelin aber bereits

25 000,– DM zinslos geliehen habe, um ihre Bahnhöfe zu finanzieren, befinde ich mich plötzlich in einem pekuniären Engpaß, was mir persönlich wirklich sehr unangenehm ist. Nun meine Frage: Könnten Sie mir bitte für drei Runden aus der Patsche helfen?
(Achmed Nidal, 26, Student aus Köln)

Antwort:
Lieber Achmed, ich nehme Ihren Hilferuf sehr ernst. Ich verstehe: Sie befinden sich also gerade in schwersten Nöten. Natürlich helfe ich da gerne aus. Ich kann leider nicht selbst kommen, da ich mich momentan auf einem risikoreichen Eroberungsfeldzug in Kamtschatka befinde, habe aber gleich eine Depesche zu meinem Adjutanten, dem Fahnenjunker Geknatschten geschickt, der Ihnen umgehend weitere hilfreiche Armeen zukommen lassen wird.

»Herr Horn, was heißt eigentlich ›hallo‹?«
(Fredeger Maria Frick, 55, Bäckermeister aus Cottbus)

Antwort:
Das Wörtchen »hallo« sagt für sich selbst noch nicht viel aus. Entscheidend ist, wer es wann und wie zu wem in welcher Absicht und zu welcher Tageszeit unter Berücksichtigung seiner körperlichen und geistigen Verfassung, seines Bildungsstandes und seiner Herkunft mütterlicher- wie väterlicherseits, vor dem kulturellen Hintergrund dessen, was er ist und ißt und eigentlich gerne sein und essen würde, sagt.

Herr Horn, ich möchte gern mein Herz für Kinder spenden.
(Inge Sost, 74, Rentnerin aus Heilbronn)

Antwort:
Erst einmal möchte ich Ihnen für Ihre Opferbereitschaft danken. Wissen Sie, in der heutigen Zeit, in der keiner mehr so gerne sein Herz verschenken mag, ist es Ihnen wirklich nicht hoch genug anzurechnen, daß sie sich so aus freien Stücken bereitwillig von dem Ihrigen trennen möchten. Ihren Optimismus muß ich allerdings gleichzeitig in die Schranken weisen. Kinder sind nun einmal ausgesprochen freiheitsliebende Geschöpfe. Sie brauchen Auslauf und möchten gerne jeden Tag etwas Neues entdecken. Herzen haben aber erwiesenermaßen keine Fenster, so daß das Kind sich in einem Spenderherz voraussichtlich nicht altersgemäß entwickeln könnte.

Herr Horn, ich besitze alle Ihre CDs, verfolge jede Presseveröffentlichung und sitze stets vor dem Fernseher, wenn Sie dort zu sehen sind. Ich bin im Besitz aller T-Shirts und Geschenkartikel mit Ihrem Emblem, habe Ihr Buch bereits vorbestellt und bisher noch kein einziges Konzert versäumt. Ich kenne jeden einzelnen Ihrer Songtexte auswendig und besuche jeden Tag Ihre Homepage im Internet. Ich weiß jetzt gar nicht, was ich jetzt sagen soll.
(Elsbeth Hoffmann, Alter ist der Redaktion bekannt, Dipl.-Psych., Katzenellenbogen)

Antwort:
Liebe Elsbeth, versuchen Sie es doch einmal mit »**danke!**«

Die Familie der F-Wörter

In vielen Presseveröffentlichungen war davon die Rede, daß ich diplomierter Pädagoge sei. Da dies eigentlich nichts zur Sache tut und oft aus dem Zusammenhang heraus zitiert wird, pflege ich mich dazu meist nicht weiter zu äußern. Weil aber auch ich nicht das Recht habe, wissenschaftliche Errungenschaften unter den Teppich zu kehren, gebe ich im folgenden einen kleinen Einblick in meine Forschungsarbeit. Es handelt sich um ein Referat, das ich zu meiner Zeit als Dorfschulaushilfslehrerassistent gehalten habe. Mittlerweile ist die von mir aufgeworfene und im folgenden dargestellte These fester Bestandteil vieler geisteswissenschaftlicher Denkansätze geworden.[31] Ich werde wohl damit leben müssen, daß eine endgültige Würdigung meiner Thesen erst postum erfolgen wird:

Liebe ABC- Schützen,
heute möchte ich mit euch über eine außergewöhnliche Gattung von Substantiven sprechen. die Familie der sogenannten »F-Wörter«. F-Wörter sind Wörter des Wohlbefindens und der Kurzweil. Zum Beispiel: Fußball, Federball, faulenzen, sich körperlich lieben, essen oder Bier trinken.[32]
Spätestens jetzt müßte bei den Primanern unter euch die Alarmglocke schrill erklingen. Geübten Auges hast du, fortgeschrittener Pennäler, sofort erkannt, daß sich zu den F-Wörtern zuwei-

[31] *Vgl.: Der Paradigmenwechsel des 16. Jahrhunderts als Gedanken-Switch.*
[32] *Ich hätte natürlich noch unzählige F-Wörter mehr benennen könne, tat es aber nicht.*

len auch solche gesellen, die gar nicht den Anfangsbuchstaben »F« tragen.
Richtig so! **Danke!** *Und genau auf diesen Mißstand möchte ich eure Aufmerksamkeit lenken.*
Gleich einem Meisterchirurg werde ich versuchen, vor euer aller Augen mein feinstes Operationsbesteck auf die erkrankte Stelle im F-Wort-Konglomerat zu setzen. Es geht darum, einen hauchfeinen Schnitt zwischen den Wörtern mit und denen ohne F zu vollziehen. Dies tue ich natürlich nur symbolisch um der Anschaulichkeit willen. Es ist sowieso unmöglich, beide Gattungen für immer voneinander zu trennen. Verschweißt sind sie miteinander, verbunden bis ans Ende aller Tage. Von Anbeginn zu Anbeginn. Kein Tag ohne F-Wort. So hoffe ich jedenfalls.
F-Wörter sind vor allem Wörter, die den Individualismus in unserer Gesellschaft zu betonen suchen. »Jedem Tierchen sein Pläsierchen« heißt es im Volksmund, womit strenggenommen gemeint ist, daß jedem Mensch auf Erden das unverrückbare Recht auf seine ganz privaten F-Wörter gegeben ist.
Meine Mutter zum Beispiel priorisiert für sich die Begriffe Backen, Reinemachen und Steifftiere sammeln[33] *und hat meines Erachtens hiermit in bravouröser Manier ihr privates Stückchen Glück und Freiheit für sich abgesteckt. Alle Nachbarn scheinen Mutti gar ob ihrer geglückten F-Wortauswahl zu beneiden. Und trifft man sich zum täglichen Einkauf bei Lebensmittel Hummer*[34]*, so sagen die Leute voller Anerkennung und Bewunderung: »Frau Horn, wirklich bemerkenswert, welch grandiose F-Wörter Sie sich für Ihr Leben ausgesucht haben.«*

[33] *Der Geknatschten stammt im übrigen nicht aus ihrer Zucht (nur um weiterführenden Gerüchten vorzubeugen).*

[34] *Ein Familienbetrieb mit Tradition. Hier verdiente ich mir als kleiner Bub meine ersten Sporen als Lebensmitteltransporteur für Senioren.*

Mutti wird dann immer ganz verlegen und meint nur: »Ach, vielen Dank, Frau Spielvogel, aber Sie müßten erst mal die F-Wörter von meinem Guildo hören ...« Übrigens hat die Schmückung des gemeinen Alltags mit wohltuenden F-Wörtern in der Familie Horn eine weit bis ins Mittelalter zurückreichende Tradition.[35]

So weit – so gut, gäbe es da nicht die eben angesprochenen Ausreißversuche diverser dem F-Wort benachbarter Begriffsfamilien. Exemplarisch seien hier genannt: die Familie der sogenannten Streichelwörter oder das über fast ein Jahrzehnt alles dominierende Kuschelweich-Syndrom. Eigentlich eine Schande, da wir hierdurch in die mißliche Zwangslage geraten, neue Regulationsmechanismen für unsere F-Wörter entwerfen zu müssen. Deshalb fordere ich entschlossen dazu auf, syntaktische Verknüpfungen zu kreieren, die eine Umschiffung dieser zu eng gesteckten Definition ermöglichen.

Reden wir beispielsweise über das Wort »Fußball«: ein Wort des Glückes und der Kurzweil im klassischen Sinne. Ein typisches F-Wort eben, wie aus dem Lehrbuch. Wir erinnern uns: »Der Ball ist rund, und nach dem Spiel ist vor dem Spiel.« Aussagen, mit denen wir etwas anfangen können. Merksätze wie Anker in unserer schnellebigen Zeit.

Bei näherer Betrachtung entdecken wir, daß das Substantiv Fußball mit so klangvollen Namen verknüpft ist wie ***Kaiser*** *Beckenbauer,* ***Katsche*** *Schwarzenbeck,* ***»Bananenflanke«*** *Kalz oder* ***»Ente«*** *Lippens. Streng genommen sind das auch alles F-Namen.*

Nun lehnt euch für einen Moment entspannt zurück und laßt

[35] *Lies hierzu auch: »Mein Oheim, der Hugenottenfürst«, ebenda.*

euch dieses Wort »Fußball« genüßlich auf der Zunge zergehen. Mit eurem geistigen Auge seht ihr saftige Wiesen, duftende Auen und dampfende, schwitzende, schöne Sportlerleiber. Fast haltet ihr ihn in den Händen, den schweinsledernen Ball, um den sich die ganze Welt dreht, ein Gefühl wie im siebten Himmel der Glückseligkeit. Und da habt ihr sie: die **tiefe** *F-Trance. Das einzige, was euch nun noch zum endgültigen Nirvana fehlt, ist ein kühles, frisch gezapftes Sieben-Minuten-Bier (selbstredend ist auch dies ein F-Wort).*

Als Hausaufgabe für den morgigen glücksbringenden Tag sollt ihr eure ganz persönlichen F-Wörter zusammenstellen. Schickt diese sodann zu mir in die Hornzentrale, wir können gerne darüber sprechen. Wichtig finde ich, diese eure nun wortgewordenen Gefühle in einem betont familialen Setting, d. h. im Kreise eurer Primärgruppe (Pappi, Mami, Omi ...) zu thematisieren. Sprecht z. B. beim gemeinsamen Abendbrot oder bei zünftiger Vesper miteinander und versucht, euren F-Wort-Gefühlen vielleicht auch eine Farbe zuzuordnen. Ich verspreche euch hieraus eine gesteigerte Lebensqualität für ein erfülltes Leben im Einklang mit dem Schlager.

Gedanken und Fragen zur Weihnachtszeit

Gerade in der Weihnachtszeit türmt sich auf dem Schreibtisch von der Diether immer besonders viel Fanpost. Die Menschen wenden sich an mich mit den Fragen, die sie besonders bewegen. Da ich mich in der Weihnachtszeit jedoch meist auf Tournee befinde, bleibt mir leider nur wenig Zeit zur Beantwortung eurer Post. Mein Büro, die Hornzentrale, hält aus diesem Grund eine auch faxfähige Formvorlage bereit, die ich hier in kleinen Auszügen abdrucken möchte.

»Herr Horn, wie feiern Sie das diesjährige Weihnachtsfest?«

Für mich gipfelt ein jedes Jahr in dem Tag, da das Christkind ward geboren. Dann ziehe ich hinaus in die Welt und freue mich, unter jedem Tannengesträuch Jesus preisen zu können. Und heuer habe ich wirklich einen Stork-Riesen-Bock, ihm zu huldigen. Mittags schaue ich mir »Wir warten aufs Christkind« an. Sabine und Wiebke verpacken derweil ihre Geschenke und legen sie dekorativ unter den Baum.

»Was bedeutet Weihnachten für Sie, Herr Horn?«

Das Weihnachtsfest ist für mich die schönste Droge der Jetztzeit. Es verhilft uns zur Flucht in nostalgische, regressive Zustände über die Intensivierung des Gegenwartserlebnisses, die dem Traum bei halbwachem Zustand ähneln.

»Und was wünschen Sie sich zum heurigen Weihnachtsreigen?«

Liebes Christkindlein, bitte bring mir doch mein Lieblingsbuch, den Struwelpeter, und mach bitte, daß die alten Menschen nicht so schrumpfen müssen.

»Herr Horn, ich wünsche Ihnen und Ihren Freunden, so Sie denn welche haben, ein gesegnetes und gnadenreiches Weihnachtsfest.«

Danke! für diesen guten Morgen, danke für jeden neuen Tag.

Meine Gefährten, die Orthopädischen Strümpfe

Foto: Steffen Jagenburg

Pierre Kertzman

Geburtstag: unbekannt
Sternzeichen: vermutlich Zwilling
Haarfarbe: meist blond
Augenfarbe: blau
Größe: 1,84 m
Ißt am liebsten: Boeuf Bourgnignonne
Trinkt am liebsten: Burgunder
Lieblingsbuch: Le petit prince
Lieblingsfernsehsendung: Maigret
Lieblingssport: Boules
Lieblingstier: Katze
Lieblingspflanze: Efeu
Lieblingsschauspieler/in: Louis de Funès
Lieblingssängerin: Mireille Mathieu
Lieblingswort: **merci!**

Pierre wurde im Jahre 1959 in einem Körbchen vor einer Poststation im elsässischen Örtchen Petitlechecul gefunden. Das Postlerehepaar nahm ihn freudig an Kindes statt auf, da sie selbst keine Kinder hatten. Mit 15 erlernte Pierre das Gitarrenspiel. Den Beruf des Postboten wollte er nicht ergreifen, sehr zum Bedauern seines Ziehvaters. Statt dessen begann dann er eine Friseurlehre im benachbarten Dorf Le Vieux Pédé, bei einem angesehenen heterosexuellen Coiffeur.

Pierre Kertzman, Gitarre *(Foto: Steffen Jagenburg)*

Mihaly Szabo

Geburtstag: 21.2.68
Sternzeichen: Fische
Haarfarbe: dunkelblond
Augenfarbe: braun
Größe: 1,79 m
Ißt am liebsten: Spinat mit Kartoffeln und Spiegeleiern gematscht
Trinkt am liebsten: Ahoi-Brause Himbeer, Kaba
Hobbys: Fußball, Fernsehen, Musik hören, höhere Mathematik
Lieblingsfernsehsendungen: Tagesschau, Aktuelles Sportstudio, Bärbel Schäfer
Lieblingstier: Seepferdchen
Lieblingspflanze: Benjaminus Fickus
Lieblingsschauspieler: Hans Mustermann
Lieblingssängerin: Michaela May
Lieblingswort: **danke!**

Mihaly Szabo interressierte sich im zarten Alter von 14 Monaten mehr für das 20bändige Lexikon seines Vaters, eines erfolgreichen ungarischen Genforschers, als für seine Bauklötze. Mit zwei Jahren erlernte er das Klavierspiel, mit fünf machte er seinen Hauptschulabschluß und mit neun das Abitur. Die Studiengänge der höheren Mathematik und der Kernphysik absolvierte er in nur 13 Monaten und promovierte über die Born-Oppenheimer-Dynamik der desmotrophischen Molekularsteuerung. Als er durch ein Experiment erkannte, daß wir in einer schnellebigen Zeit leben, wurde er ziemlich depressiv. Auf der Suche nach einem höheren Ziel stieß er dann auf Guildo Horn, den er als einzigen Ausweg aus diesem Dilema diagnostizierte, und schloß sich seiner Bewegung an. Mittlerweile ist er als musikalischer Gesamtleiter einer der wichtigsten Mitstreiter auf dem Kreuzzug der Zärtlichkeit.

Mihaly Szabo, Tasteninstrumente *(Foto: Steffen Jagenburg)*

El Ute

Geburtstag: 6.5.64
Sternzeichen: Stier, aber eigentlich lieber Zwilling
Haarfarbe: hellblond
Augenfarben: blaugrau und graublau
Größen: 1,84 m x 2 m
Ißt am liebsten: Nudeln mit Spaghetti
Trinkt am liebsten: Rotbäckchen
Lieblingsbücher: Hanni und Nanni
Lieblingsfernsehprogramme: ZDF
Lieblingssport: Eiskunstlauf (Paarlaufen), Synchronschwimmen
Lieblingstiere: Löwe »Klärenz« aus Daktari
Lieblingspflanzen: Goldener Heinrich
Lieblingsschauspieler: Die zwei von der Tankstelle
Lieblingswörter: **danke! danke!**
Lieblings-Sänger: Cindy & Bert

ELmar und UTE Schmitt, genannt EL UTE, die rabiaten Schmitt-Zwillinge aus Saarbrücken, hatten sich sofort nach ihrer Geburt trennen wollen, wurden aber von einem Schutzmann gestellt, der sie gleich ins Gefängnis stecken wollte. Wie durch ein Wunder konnten sie entschlüpfen. Nach einer abenteuerlichen Flucht durch ganz Deutschland fanden sie schließlich – geleitet von auf den Weg gestreuten Kieselsteinen – zu einem Knusperhäuschen in der Nähe von Trier. Dort nahm sich Guildo Horn ihrer an und sorgte dafür, daß sie doch noch zu rechtschaffenen Menschen wurden.

EL Ute, Schlagzeug *(Foto: Steffen Jagenburg)*

Hoppla B. Benito

Geburtstag: Heiligabend 1978
Sternzeichen: Widder
Haarfarbe: brünett
Augenfarbe: brünett
Größe: 1,95 m
Ißt am liebsten: ja
Trinkt am liebsten: oh ja!
Lieblingsbuch: **danke!**
Fernsehen: ja
Sport: ja
Hobbys: altgriechische Literatur
Lieblingstier: nein
Lieblingspflanze: ja
Lieblingsschauspieler: ja
Lieblingssänger: ja

Hoppla wurde als dreizehntes Kind armer Südtiroler Bergbauern geboren und schon in jungen Jahren gehänselt. Er war kleinwüchsig, was darauf zurückzuführen ist, daß seine Geschwister ihm immer alles wegaßen. Da der elterliche Bauernhof nicht genug abwarf, um eine so große Familie zu ernähren, ging er fort in die Stadt, wo er sein Brot als Straßenmusikant und Quarterback verdiente. Über eine Zeitungsannonce erhielt er ein Existenzgründungsdarlehen und machte sich dann als Fischer selbständig. Heute fischt er an der Seite von Guildo Horn Menschen.

Hoppla B. Benito, Bass *(Foto: Steffen Jagenburg)*

Roland GaRoss

Geburtstag: Sonntag
Sternzeichen: Stier
Haarfarbe: schwarz
Augenfarbe: braun
Größe: 1, 84 m
Ißt am liebsten: Linsensuppe Luxembourger Art
Trinkt am liebsten: 1 Maß Bier
Lieblingsbuch: alle Salamander-Hefte in einem Band
Lieblingsfernsehsendung: Flipper
Lieblingssport: Trimm-Dich
Lieblingstier: Huhn
Lieblingspflanze: Rührmichnichtan
Lieblingsschauspieler: Sandy & Burt (aus Flipper)
Lieblingssänger: Peter Maffay
Lieblingssatz: **danke!**

Roland GaRoss stammt aus einer alten adligen Luxembourger Pferdezüchterfamilie, die während der Französischen Revolution enteignet und verfolgt wurde. Erst im 19. Jahrhundert konnten die GaRoss' mit Hilfe des damaligen Grafen von Luxembourg (oh pardon!) ihren Familienstammsitz zurückerlangen. Schon als kleines Kind lernte der kleine Roland das Zureiten feuriger Stuten. Heute leitet er einen »Black Beauty«-Fanklub, in dem auch Guildo Horn Mitglied ist.

Roland GaRoss, Gitarre, Gesang, Posing *(Foto: Steffen Jagenburg)*

Danke auch

Mama, Godi, Onkel Thia, Leonid & Thekla, Daggi, Alia und Roland Herbig, Philip & Ulrike, Michael & Bimbi Holm, der Deutschen Schlageragentur, Silke Holthausen, Michael Sapp, AutoBahn Musik, Barbara Krämer, Kathrinschen Kretschmar, den Orthopädischen Strümpfen, dem der Diether, Anita, Mike Äfer Flieg, Streif Jensling, Armin Gontermann, Eheleute Flocke, Vada, den Buchverkäufern, Helmuth Rüßmann, Stefan Kriegeskorte, Reiner Beckenbauer, Christa Fast, Stephan Plank, Ingo Kraus, Oliver, der im Studio wohnt, Helmuth Fest, Peter Burz, Helmut Rücker, Horst Mittmann, Susanne Hort, Alexandra Dörrie, Andrea Campiglio, Daniela Dietz, Martina Motlik, Brigitte Schröder, Thomas Kleinrahm, Johann Zambryski, Bernd Samland, Roberto Capitoni, Cindy & Bert, Martin Mann, Jürgen Drews, Peter Rubin, Joy Flemming, Christian Anders, Andi Tischler, Petra Perle & Rex Kildo, Conni Sü Prem, Wölle Wagner, Achim Neu, Jochen Tiffe, Elmar Huberts, Roman Görtz, dem Geknatschten, Toni Polster, dem 1. FC Köln Fanprojekt, Familie Müller (Irscher Mühle zu Trier), Frau Spielvogel, Stefan Buske, Elisabeth & Wolfgang Kram, Dieter Linz, Peter Dahm und dem Freundeskreis von Guildo

Horn, Dr. Peter Baltes (Fachbereich Pädagogik an der Uni Trier), Rolf Schmitz, Rüdiger Boost, Andreas P. Dietsch, Michael Schmidt-Salomon, Hucky Weber, Jürgen Domian, Roberto Blanco, Hilde & Dieter Thomas Heck, allen Müttern & Schlagerfreunden der ganzen Welt, den Winzern der ganzen Mosel, dem Gesangverein »Lyra«, dem Pförtnerteam der ganzen EMI Electrola und dir!

»Rückkehr nach Mendocino«

Die erste Schallplatte von Guildo und den Orthopädischen Strümpfen. Live aufgenommen während eines der legendären Horn-Auftritte im Kölner Rockclub Luxor. Ein Zeitzeugnis!

Diskographie

CD: »Rückkehr nach Mendocino«
CD: »Sternstunden der Zärtlichkeit«
Maxi-CD: »Ich mag Steffi«
Maxi-CD: »Der Mutter zum Gruße«
Maxi-CD: »Who the F ... is Alice«
Maxi-CD: »Ich find' Schlager toll«
Maxi-CD: »Spiel mir das Lied vom Christkind«
Maxi-CD: »There goes A Train«
Maxi-CD: »Küß mich!«

CD: »Danke«

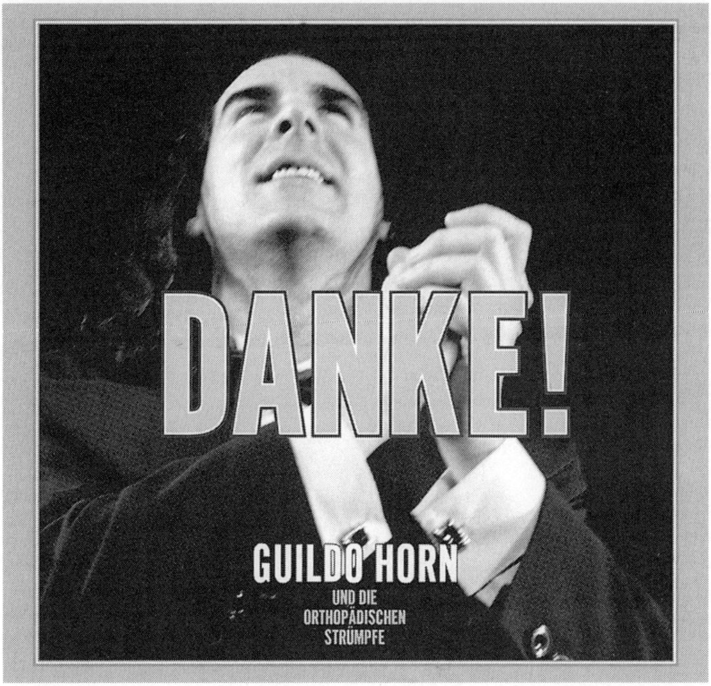

Video-Clips:

- »Schön ist es, auf der Welt zu sein«
- »Ich mag Steffi«
- »Ich find' Schlager toll«
- »Küß mich!«

ECON POP TOP

Angela Schöneck
Tina Turner
Queen of Rock
144 Seiten, 8 Farbtafeln
TB 12018

In den Siebzigern ist Tina Turner mit der »Ike-und-Tina-Turner-Revue« bekannt geworden. Zu Weltruhm kam sie allerdings erst als Solokünstlerin. Dem steilen Aufstieg folgte eine schwere Krise, doch in den Achtzigern gelang der Rockröhre ein legendäres Comeback: Ihre LP »Private Dancer« verkaufte sich allein in den USA über fünfmillionenmal, und ihre Tour »Break Every Rule« brach alle Zuschauerrekorde. Mit ihrer aktuellen CD »Wildest Dreams« sowie der gleichnamigen Tournee zeigt die »Queen of Rock« erneut, daß sie noch lange nicht aus der aktuellen Musikszene wegzudenken ist.

S. Niederwieser / A. Forman
Peter Maffay
Der Rocker mit Gefühl
144 Seiten, 8 Farbtafeln
TB 12010

Peter Maffay ist ein Phänomen. Der Musiker, der seine Karriere einst mit dem gefühlvollen Lied »Du« begann, hat alle Kritiker Lügen gestraft. Seine neue CD »Sechsundneunzig«, die kometenhaft die Spitze der Charts eroberte, beweist wieder einmal: Maffay ist ein echter Vollblut-Rocker.

ECON TASCHENBÜCHER